Búsqueda de trabajo y preparación de entrevista

2 libros en 1

Formas de destacar entre la gente y obtener el trabajo de sus sueños, además del nuevo enfoque que usa la tecnología para impulsar su carrera

Encuentra trabajo hoy

¿Te sientes como un pez en medio del océano de búsqueda de trabajo? Descubre herramientas y técnicas para encontrar el trabajo de tus sueños en el competitivo mercado actual

Table of Contents

Introducción **7**

Capítulo 1—Consigue la Entrevista **11**

    Cómo Obtener Más Entrevistas De Trabajo Inmediatamente 11

    Tips Para Construir Un Currículum Que Pueda Hacer Que Te Contraten. 16

Capítulo 2—Vístete Para Conquistar **24**

    Qué Ponerse Si Eres Hombre. 24

    Qué Ponerse Si Eres Mujer. 28

    Seis Cosas Que No Debes Usar En Una Entrevista. 30

    La Verdad Sobre Los Tatuajes Y Los Piercings. 32

Capítulo 3—Prepárate Como Un Campeón **37**

    Cómo Vencer La Ansiedad Y El Nerviosismo. 37

    Nueve Cosas Que Debes Investigar Para Tu Entrevista. 42

    Otras Formas Vitales De Prepararte Para Tu Entrevista De Trabajo. 47

Capítulo 4—Preguntas y Respuestas **52**

    10 Preguntas De Entrevista Comunes Y Cómo Superarlas. 52

    Manejando Las Preguntas Difíciles Como Un Campeón. 58

Capítulo 5—Crea Una Gran Primera Impresión **65**

    Ocho Cosas Que Debe Hacer Para Causar Una Espectacular Primera Impresión. 65

    Cómo Destacar Instantáneamente Entre Los Demás Candidatos. 70

    Lenguaje Corporal Convincente Que Te Pone Por Delante Del Juego. 73

Capítulo 6—Supera La Entrevista Con Éxito............ 76

11 Cosas Que Tu Futuro Empleador Quiere Escuchar. 76

Ocho Cosas Que No Querrás Decir En Una Entrevista De Trabajo. 78

10 Habilidades Blandas Y Cómo Demostrarlas. 80

Capítulo 7—Detalles Finales............ 86

11   Grandes Preguntas Para Hacer Al Gerente De Contrataciones. 86

Una Guía Esencial Para Las Negociaciones Salariales. 90

Qué Hacer Cuando Te Preguntan Algo Que Te Toma Desprevenido. 94

¿Está bien mentir? ¿Cuándo está bien mentir en una entrevista? 95

Capítulo 8—El Futuro Está Esperando............ 99

Qué Hacer Después De La Entrevista De Trabajo. 99

¡Conseguiste el Trabajo! ¿Ahora Qué? 101

Cómo Transformar Un Rechazo En Algo Positivo. 104

Conclusión 109

Introducción

Para la mayoría de nosotros, tuvimos que aprender a gatear antes de poder aprender a caminar. Lo mismo ocurre con la búsqueda del trabajo de tus sueños. Antes de que puedas conseguir el trabajo que siempre has querido, tendrás que conseguir una entrevista para el trabajo. Y luego tendrás que superar esa entrevista, aprobándola con éxito y posicionándote por encima de otros candidatos para el mismo trabajo. Muchos grandes candidatos han perdido oportunidades de trabajo porque no pudieron conseguir entrevistas o porque no obtuvieron nada en las entrevistas que tuvieron. Quizás no tenían una hoja de vida que se destacara por encima de otros candidatos. Quizás les faltaba la carta de presentación. Quizás no se vistieron apropiadamente para la entrevista. Tal vez no se prepararon adecuadamente. Tal vez se desconcertaron por una pregunta en la entrevista o tal vez dijeron algo equivocado. Tal vez, tal vez, tal vez... En la obtención y posterior realización de entrevistas, es extremadamente importante que tengas un plan y un proceso que te dé la mejor oportunidad posible de conseguir el trabajo que estás buscando.

En este libro, voy a darte las herramientas y técnicas que necesitarás para conseguir entrevistas para los trabajos que te interesan. También te diré las cosas que tendrás que hacer en la entrevista como tal, incluyendo cómo prepararte para las preguntas, cómo vestirte, cómo lidiar con preguntas difíciles, qué preguntas hacer a los posibles empleadores, cómo abordar y negociar el salario, y qué hacer en el seguimiento después de la entrevista. En resumen, te diré cómo posicionarte por encima de otros candidatos que están solicitando el mismo trabajo.

Me llamo David Allen. Soy un experto en cómo conseguir un

trabajo. Tengo años de experiencia como director de recursos humanos para múltiples compañías en diferentes industrias. También he trabajado como reclutador, reclutando gente para llenar varios puestos de trabajo corporativos. Y, finalmente, también trabajo como asesor de carrera, ayudando a las personas a encontrar trayectorias profesionales óptimas o trabajos que les permitan vivir vidas felices, saludables y exitosas. A lo largo de los años, he notado que mucha gente no puede conseguir los trabajos que quieren, simplemente porque no saben cómo conseguir entrevistas, cómo prepararse para las entrevistas o cómo desempeñarse en la entrevista misma. Muchos de mis clientes, que han tenido éxito gracias a los conocimientos que les he dado, me han animado a detallar mis conocimientos en forma de libro. Con este libro lo he logrado, con la esperanza de poder ayudar a mucha más gente en sus esfuerzos por conseguir los trabajos que desean.

Si puedes implementar algunos de los consejos y técnicas que estoy proporcionando en este libro, mejorarás tus posibilidades de conseguir entrevistas para los trabajos que te interesan y, posteriormente, obtener los trabajos que realmente quieres. Como asesor de carreras profesionales, he trabajado con clientes que durante años han intentado conseguir las entrevistas o los trabajos que les interesan. Estos clientes vinieron a mí porque no tuvieron éxito en sus intentos y querían saber cómo podrían mejorar sus posibilidades de conseguir los trabajos que buscaban. Al seguir algunas de las simples recomendaciones y pasos que les di, estos clientes inmediatamente se dieron cuenta que tenían más éxito en conseguir entrevistas y en los resultados de las mismas. Muchos de estos clientes no sabían lo que estaban haciendo mal, las cosas que les hacían fracasar en sus intentos. Con algunos simples ajustes, pude ayudar a estos clientes a conseguir los trabajos que deseaban.

Ya sea que estos clientes estuvieran buscando un trabajo en el que ganaran más dinero, encontrar un trabajo que utilizara sus talentos más adecuadamente, o encontrar un trabajo que tuviera un mejor ambiente de trabajo, yo pude guiarlos en la dirección correcta y trabajar con ellos en el desarrollo de un plan o un proceso que les permitiera tener éxito en su búsqueda del trabajo que querían. A través de los años, he recibido correos electrónicos, llamadas telefónicas y notas escritas a mano agradeciéndome mi ayuda en este proceso. Algunos de mis clientes incluso me han dicho que la información y los consejos que les he dado han cambiado su vida. Espero sinceramente que pueda tener el mismo impacto en tu búsqueda de trabajo y posiblemente hasta en tu carrera. Estaré encantado de recibir una nota tuya algún día, pronto, diciéndome que en este libro te proporcioné consejos y técnicas que usaste para conseguir el trabajo de tus sueños.

Si lees este corto libro y sigues los consejos y técnicas que te he proporcionado, te aseguro que aumentarás tus posibilidades de conseguir una entrevista de trabajo y también aumentarás las posibilidades de conseguir el trabajo. Antes de que puedas conseguir el trabajo que realmente quieres, tendrás que conseguir la entrevista. Pasos de bebé... Tendrás que aprender a gatear antes de poder aprender a caminar. Y luego, una vez que consigas la entrevista, hay algunas maneras seguras de asegurarte de que puedes dar lo mejor de ti mismo en ella. Conseguir un trabajo es una actividad que requiere un plan y un proceso. A lo largo de este libro, te animaré a que desarrolles un plan sólido y luego te concentres más en el proceso de ser tu mejor yo al tratar de conseguir el trabajo que quieres, en vez de concentrarte en los resultados de tus esfuerzos. Si puedes desarrollar un plan basado en mis recomendaciones y luego trabajar en ese plan, te aseguro que mejorarás tus posibilidades de conseguir el trabajo que realmente quieres.

He leído antes que los libros de autoayuda o de instrucciones de este tipo generalmente ignoran dos tipos diferentes de llamadas a la acción: Algunos lectores introducirán el conocimiento que se ofrece en las regiones remotas de sus bancos de memoria, diciendo que pondrán en práctica esas ideas en una fecha posterior, en cuanto se les ocurra. En su mayoría, estas personas generalmente no tienen éxito en sus intentos, ya que "la vida pasa"/el tiempo pasa y nunca llegan a implementar el plan que dijeron que algún día implementarían. El otro tipo de lector es el que tomará la información obtenida y la implementará inmediatamente. Sólo espero que seas este tipo de lector, ya que estas son las personas que tienen más probabilidades de tener éxito en sus intentos. Si implementas inmediatamente los consejos de este libro que son apropiados para ti, tendrás muchas más probabilidades de tener éxito en la obtención de entrevistas y empleos. No, no puedo garantizar que obtendrás el trabajo que te interesa, pero sí te garantizo que tendrás una oportunidad mucho mejor de hacerlo. De nuevo, la clave será centrarse en el proceso de conseguir entrevistas y trabajos en comparación con los resultados.

Se ha comprobado que los consejos y técnicas de este libro son exitosos. Si te tomas el tiempo de leer este corto libro y luego implementas un plan basado en la información que el libro proporciona, aumentarás tus posibilidades de conseguir las entrevistas y los trabajos que realmente quieres. Cada capítulo de este libro tiene consejos y técnicas específicas que pueden ayudarte a tener éxito en tus esfuerzos de búsqueda de trabajo. Así que, dicho esto, ¡vamos a por ello!

Capítulo 1—Consigue la Entrevista

Buscar un trabajo puede ser una tarea desalentadora. Puede ser tedioso, estresante y decepcionante. Pero, al dividirla en tareas concretas, puedes lograr un progreso sustancial en poco tiempo. Como se mencionó anteriormente, no podrás conseguir un trabajo a menos que consigas una entrevista primero. Teniendo esto en cuenta, este capítulo describe las mejores maneras de asegurarse de que consigas las entrevistas.

Cómo Obtener Más Entrevistas De Trabajo Inmediatamente

Siempre que trates de conseguir una entrevista con un posible empleador, es extremadamente importante que tengas en cuenta que, en casi todos los casos, serás una de las múltiples personas que solicitan ese trabajo. Con esto en mente, vas a tener que asegurarte de que destaques entre los demás solicitantes.

En primer lugar, deberías determinar exactamente qué tipo de puesto quieres solicitar y también, si es posible, para qué tipo de empresa te gustaría trabajar. Por ejemplo, si tienes experiencia en marketing y estás interesado en un trabajo de marketing, te sugeriría que redujeras tu búsqueda dentro de esos parámetros. Un cliente mío, que buscaba un cambio de trabajo, tenía experiencia en marketing de restaurantes para dos cadenas de restaurantes con franquicias diferentes. Disfrutaba de diferentes aspectos de ambos trabajos; sin embargo, se había estancado con la compañía de restaurantes para la que trabajaba. Por lo tanto, al darse cuenta de que disfrutaba trabajando en la industria de los restaurantes y la hostelería, y también al darse cuenta de que las empresas dentro de la industria de los restaurantes valorarían su experiencia, mi cliente optó por buscar un trabajo dentro de la industria de los restaurantes. Para reducir aún más el campo, se dio cuenta de que su experiencia de trabajar para una empresa de franquicias sería particularmente atractiva para otra empresa de restaurantes en franquicia.

Por lo tanto, se dirigió a las empresas de restaurantes en su búsqueda de trabajo y redujo el campo aún más al seleccionar algunas empresas de restaurantes franquiciados en su búsqueda. Era plenamente consciente de las cosas que podía aportar a una empresa de restaurantes o a una empresa con franquicia que otros solicitantes no podrían ofrecer. Así que, en lugar de solicitar ser una persona de marketing en una empresa tecnológica o una empresa de arquitectura en la que no tenía experiencia (y no mucho interés), mi cliente decidió dirigirse a grupos de restaurantes franquiciados. Además, cabe destacar que se dirigió a unas pocas empresas que consistían en su mayoría en restaurantes de propiedad de la empresa y a unas pocas empresas de otras industrias franquiciadas, incluyendo una cadena de gimnasios y una cadena de imprentas franquiciadas. En otras palabras, mi cliente hizo un inventario personal de su experiencia y sus gustos y luego utilizó esa información para determinar los tipos de empresas a las que quería presentar solicitudes.

Una vez que lo hizo, ajustó su currículum para que se adaptara a esa industria, o a esas empresas en particular. Por ejemplo, con las cadenas de gimnasios en franquicia, mencionó al principio de su currículum que tenía una experiencia considerable en el trabajo con franquiciados de todas las diferentes áreas del país. Estaba consciente de que la cadena de gimnasios, que había comenzado en un área de la compañía, se estaba expandiendo a otras áreas del país y se dio cuenta de que esta experiencia de trabajar con franquiciados en diferentes áreas del país probablemente sería particularmente valiosa para la compañía en la que estaba interesado en trabajar.

Encuentra trabajo hoy

Aunque te daré consejos adicionales sobre cómo desarrollar un currículum que se destaque más adelante en este capítulo, te diré ahora que será muy importante que continúes ajustando tu currículum en función de las empresas a las que lo envíes. No, no puede desarrollar un currículum, hacer 100 copias de ese currículum y luego enviarlo por cada trabajo en el que estás interesado. Si quiere tener éxito en las entrevistas, tendrás que seguir afinando tu currículum para cada empleo que solicites.

Otra forma de asegurarte de que conseguirás más entrevistas será preparar y actualizar tus materiales personales de marketing incluso antes de empezar a enviar los currículos. ¿Tienes tarjetas de presentación que puedas repartir en eventos de redes de contactos o en cualquier momento en que conozcas a alguien que podría ser una posible fuente de empleo para ti? ¿Tienes un perfil en LinkedIn? (Si no, deberías tener uno.) Si tienes un perfil en LinkedIn, ¿has actualizado ese perfil? ¿Estás presente en las plataformas de medios sociales como Facebook, Instagram y Twitter? Si es así, ¿te transmiten esos sitios como una persona que sería un activo para una compañía que está contratando? ¿Existe alguna información negativa en esos sitios que pueda afectar tus posibilidades de conseguir un trabajo? Si es así, ¿puede esa información ser eliminada? O, si no se puede eliminar, ¿es algo que se puede abordar o justificar si un posible empleador te pregunta sobre ello en una entrevista? ¿Tienes tu propia página web personal o un sitio de blog? Si no es así, ¿son estas cosas las que podrían ayudarte a conseguir un nuevo trabajo? Si tienes una página web personal o un blog, asegúrate de que esos sitios reflejen una imagen positiva para un posible empleador.

Al tratar de determinar qué empresas podrían estar contratando, es importante tener en cuenta que un número extraordinario de ofertas de trabajo no se anuncian. He visto investigaciones que demuestran que más del 90% de los empleos no se anuncian. Aunque esto me parece un poco elevado, no hay que perder de vista la importancia del planteamiento... La mayoría de los puestos de trabajo no se anuncian. Teniendo esto en cuenta, te diré que aunque es ciertamente importante que busques en las páginas web de empleo cuando busques trabajo, nunca debes detenerte ahí. Las empresas a menudo no anuncian los puestos en las bolsas de trabajo porque no quieren verse inundadas de currículums, muchos de ellos de candidatos que no están calificados. Otras empresas prefieren solicitar sus propios candidatos a través de anuncios internos o buscando currículos en LinkedIn u otras plataformas de trabajo y luego invitando a los candidatos calificados a una entrevista. Otras empresas contratarán a reclutadores, a menudo denominados cazatalentos, para que les traigan candidatos.

Y, finalmente, en tus esfuerzos por averiguar sobre las ofertas de trabajo y las entrevistas seguras, te recomiendo fervientemente que establezcas una red de contactos. Contactos, contactos, contactos. Aunque no participe regularmente en ningún grupo de redes u organizaciones profesionales, te animo a que tengas una "mentalidad de networking", lo que significa que le dices a la gente de manera consistente sobre los puestos que estás buscando. Siempre me gusta contar la siguiente historia, que viene de un cliente mío. Ella estaba buscando un trabajo de contabilidad en una importante cadena de tiendas minoristas. Su investigación le había dicho que esta compañía era una gran empresa para trabajar; sin embargo, no tenía contactos allí y no había manera de hacerse visible para conseguir una entrevista. Se acostumbró a decirle a la mayoría de la gente que conocía que estaba interesada en conseguir una entrevista con esta empresa en particular a la que se había dirigido. Eventualmente, cuando estaba en su salón de belleza, le mencionó esto a su estilista. La estilista le respondió que su cuñado era uno de los jefes de contabilidad de la empresa en la que mi cliente estaba interesada. La estilista le pidió una tarjeta de presentación para dársela a su cuñado y mi cliente accedió gustosamente. Menos de una semana después, mi cliente recibió una llamada del cuñado de la estilista. Esta llamada resultó en una entrevista. Después de una serie de entrevistas, mi cliente está ahora felizmente empleada en la empresa a la que se dirigió. La moral de la historia: Red de contactos, correr la voz, no ignorar ninguna fuente posible. ¿Quién hubiera pensado que un contacto con una peluquera podría llevar a un puesto contable en una gran cadena de tiendas? Pero así fue. Si te has dirigido a empresas específicas para las que quieres trabajar, no dudes en preguntar a cualquier persona que conozcas si conoce a alguien dentro de esa empresa.

Otro enfoque obvio para conseguir entrevistas con una empresa específica es simplemente averiguar quién es el gerente de contratación de esa empresa y luego llamarlos. Si tienes suerte, podrás hablar directamente con el gerente de contratación. De lo contrario, es posible que tengas que pasar por el portero o la secretaria para averiguar si hay alguna vacante actual. Incluso si no hay vacantes actuales, te animo a que envíes una carta de solicitud directamente al director de contrataciones y que expreses tu interés en trabajar en la empresa. Pídales que se pongan en contacto con usted siempre que haya una vacante. Y otra nota importante: Si hay un portero y tienes la sensación de que el portero no está enviando tu información al gerente de contrataciones, podrías tratar de llamar justo antes o poco después de las horas normales de trabajo antes de que el portero llegue o antes de que se vaya por el día. Muchos de mis clientes han encontrado que esos momentos antes o después de las horas normales de trabajo son los mejores para comunicarse con los gerentes de contratación directamente por teléfono.

Y, ya sea que no puedas evitar al encargado o que el gerente de contrataciones te diga que no hay vacantes actuales, siempre es importante que hagas un seguimiento de alguna manera, ya sea con una llamada telefónica o una nota personal de "gracias por tu tiempo". Sé persistente sin convertirte en una molestia. Tu objetivo en cualquier seguimiento debe ser transmitir que tienes un interés sincero en entrevistarte con esa compañía o en trabajar para ella y para crear una conciencia de primera opción como posible candidato. Este pequeño gesto de seguimiento puede a veces colocarte por encima de otros candidatos cuando se abre un puesto de trabajo.

Tips Para Construir Un Currículum Que Pueda Hacer Que Te Contraten.

Usualmente tu currículum será un elemento clave para determinar si puedes conseguir una entrevista o no. Al desarrollar tu currículum, debes recordar que a menudo se comparará con los currículums de otros candidatos. Con esto en mente, querrás asegurarte de que tu currículum se destaque en comparación con los demás. Aquí hay algunos consejos básicos que puedes utilizar para construir un currículum que hará que te contraten:

Antes de crear tu propio currículum, deberías revisar otros ejemplos de currículums, que son muy fáciles de encontrar en Internet. Si estás buscando un trabajo en industrias específicas, te sugiero que también busques currículos de estas industrias para ver lo que otras personas están haciendo en la misma rama. (LinkedIn es un gran lugar para ver currículums de personas dentro de industrias específicas).

Después de revisar varios ejemplos de currículos, deberías averiguar qué plantillas de currículos estándar están disponibles. Puedes encontrar plantillas de currículum simplemente buscando "plantillas de currículum vitae gratuitas" en internet. Además, como muchos de nosotros tenemos Microsoft Word, ese programa de software tiene plantillas de currículum gratuitas disponibles. Echa un vistazo a algunas de estas plantillas y determina una plantilla que funcione para ti.

Una de las claves en el desarrollo de cualquier currículum es hacer que sea fácil de leer. Esto significa que debes utilizar un estilo de letra simple, como Helvética, Times Roman, Arial o Calibri. Nada demasiado elegante. El tamaño de la fuente debe ser generalmente de 10 o 12 puntos, nada más pequeño. Debes limitar tu currículum a una o dos páginas, nada más. Si deseas usar resaltes de color y letra negrita o cursiva en algunas áreas, debes sentirte libre de hacerlo, siempre y cuando no uses demasiado estas funciones. He recibido currículos anteriores que estaban cargados de negritas, letras mayúsculas, a veces resaltados con colores y subrayados. Al ver estos currículums, a menudo he sentido que el remitente me grita, intentando con demasiada fuerza llamar mi atención.

Al redactar tu currículum, debes recordar que en la mayoría de los casos estarás ajustando o modificando cada uno de los currículos que envíes, dependiendo del trabajo que estés solicitando. Al personalizar tu currículum para una solicitud de empleo en particular, te animo a que leas el anuncio o la descripción del puesto y luego tomes nota de las palabras clave dentro de ese anuncio. Esas palabras clave deberían darte una buena idea de las cualidades o experiencia que el empleador está buscando en el empleado que contrata. Luego deberías tratar de incluir algunas de estas palabras clave tanto en tu currículum como en tu carta de presentación, sin que sean demasiado obvias. Además, si estás solicitando un trabajo en una compañía más grande o en una sucursal de una compañía más grande, debes recordar que muchas compañías ahora están usando un bot de software para leer inicialmente tu currículum antes de que sea pasado a un humano. Algunos de estos bots de software están programados para buscar palabras clave. Esa es otra razón por la que es importante incluir las palabras clave del empleador en tu currículum.

Al enumerar la información en tu currículum vitae, también haz un esfuerzo por enumerar primero la información importante y relevante. En otras palabras, si tienes 40 años de edad, más de 20 años retirado de la escuela secundaria, no debes listar tus logros en la escuela secundaria cerca de la parte superior de tu currículum. Enumera la experiencia, los logros, la información que es más relevante para el trabajo que estás solicitando. En la lista de tus logros, enuméralos siempre que sea posible. Por ejemplo, si tuviste experiencia como vendedor anteriormente, en lugar de sólo decir que eras el vendedor de la región central norte, podrías señalar que aumentaste las ventas en un 32% durante el período de dos años en la región central norte de la que eras responsable. O bien, si formabas parte de un equipo de ventas de 13 personas y fuiste el vendedor del año de la empresa, debes tomar nota de ello. Cuanto más específico puedas ser, más tus talentos y logros resonarán en el futuro empleador.

Además, debes utilizar un lenguaje activo/poderoso siempre que sea posible para describir tus logros. Palabras como "alcanzado", "ganado", "logrado" y "completado" son ejemplos de palabras de poder que pueden ser usadas para delinear los alcances y logros en su currículum.

Y asegúrate de que tu currículum incluya tu información de contacto. (Número de teléfono, dirección de correo electrónico, etc). Va a ser difícil para ti conseguir una entrevista si el posible empleador no sabe cómo contactarte.

Y finalmente, por favor revisa tu currículum y tu carta de presentación varias veces para asegurarte de que no haya errores tipográficos o de otro tipo. Te sugiero especialmente que hagas que otras personas revisen tu currículum en busca de errores. Los errores, sobre todo los errores tipográficos, son totalmente inaceptables en los currículums y sé que los gerentes de contratación descartarán cualquier currículum que tenga errores obvios. La sensación es que si no puedes prestar atención a los detalles en un currículum o una carta de presentación, entonces es posible que no puedas prestar atención a los detalles en el trabajo para el que el empleador está contratando. Si no conoces a nadie que sea capaz de corregir tu currículum y carta de presentación y si no puedes hacerlo tú mismo, entonces te sugiero que contrates a un corrector de pruebas independiente para que lo haga por ti. Upwork es un sitio independiente en el que podrías contratar a un corrector de pruebas, por unos 5 o 10 dólares. Fiverr es otra compañía que es una plataforma para los freelancers, incluyendo a los correctores de pruebas.

Cartas De Presentación: Por Qué Necesitas Una Y Cómo Hacer La Tuya Irresistible.

Mientras que los currículos deben contener "sólo los hechos", las cartas de presentación le ofrecen oportunidades adicionales para hacer una "propuesta" para el trabajo. Las cartas de presentación te permiten ampliar algunos de los datos que has incluido en tu currículum. Las cartas de presentación te permiten ampliar algunos de los datos que has enumerado en tu currículum. Te dan la oportunidad de expresar tu sincero interés en la oferta de trabajo y explicar por qué eres un buen candidato para el puesto. Además, las cartas de presentación te permiten mostrar algo de tu personalidad y establecerte como alguien que se destaca por encima de los otros candidatos que solicitan el mismo trabajo.

Algunos solicitantes de empleo cometen el grave error de ignorar la importancia de la carta de presentación, pensando que el gerente de contratación no se tomará el tiempo para leerla. Puedo decirte inequívocamente que las cartas de presentación sí son leídas por los posibles empleadores y nunca debes ignorar su importancia. Debes redactar una carta de presentación nueva para cada empleo que solicites.

Aquí hay algunos consejos para considerar al escribir esas cartas de presentación:

En primer lugar, es necesario identificar a la persona a la que se envía la carta de presentación y anotar su nombre en el saludo de la carta. Las cartas dirigidas a "A quien pueda interesar" o a "Gerente de contratación" no van a ser de gran ayuda. Obtén el nombre (y la forma correcta de escribirlo) de la persona que está haciendo la contratación, incluso si tienes que hacer una llamada telefónica para obtener esta información. Si, por casualidad, no puedes conseguir un nombre por cualquier razón, deberías al menos conseguir el título de la persona que está haciendo la contratación. (Por ejemplo, Director de Marketing, Director de Recursos Humanos, Gerente de Contabilidad, etcétera).

Al escribir tu carta de presentación, asegúrate de ir más allá de tu currículum. Si sólo vas a repetir toda la información que está en tu currículum, entonces estás disminuyendo el propósito de la carta de presentación. Si hay algo en tu currículum que te gustaría ampliar, la carta de presentación te ofrece la oportunidad de hacerlo. Aunque no querrás utilizar toda la carta de presentación para ampliar algo de tu currículum, la carta de presentación te ofrece una breve oportunidad para hacerlo.

Ayudará si puedes crear una gran línea de inicio para tu carta. Tanto si tienes una gran línea de apertura como si no, al principio de tu carta de presentación debes indicar por qué crees que eres un buen candidato para el puesto que está abierto. Como ejemplo, aquí hay una línea de apertura de alguien que está solicitando un puesto de gestión en una librería de Barnes & Noble. "Me emocionó saber que tienes una vacante para un puesto de dirección en Barnes & Noble. He sido un fan y un cliente fiel de Barnes & Noble durante muchos años y, con mi experiencia de gestión anterior, siento que puedo aportar mucho como gerente de Barnes & Noble". En esta línea de apertura, notarás que el solicitante expresa su interés y entusiasmo por el trabajo que está abierto. También se establece como alguien que está familiarizado con la empresa y le encanta el concepto. (Es difícil despedir rápidamente a alguien que es un cliente leal,

¿verdad?) Y luego, el candidato destaca que tiene experiencia en la gestión y señala que cree que puede convertirse en una parte valiosa del equipo de Barnes & Noble. Y lo hace con un tono casual, sin ser ridículamente formal. En dos frases, ha logrado mucho.

Al escribir tu carta de presentación, es importante que conozcas las palabras clave que el posible empleador ha utilizado en su anuncio de trabajo. En el anuncio de empleo de Barnes & Noble, la empresa había declarado que buscaba a alguien con experiencia en gestión. Como resultado, la candidata se apresuró a mencionar su experiencia en gestión en su carta de presentación. Otro ejemplo sería si un posible empleador dice que está buscando contratar a un empleado comprometido que puede ser una parte valiosa del equipo. Las palabras clave aquí son "comprometido" y "equipo". Teniendo esto en cuenta, tu carta de presentación podría mencionar que eres una persona muy trabajadora y que trabajas bien con los demás como parte de un equipo. Al reiterar las palabras clave de la publicación del empleo, estarás reforzando que eres una buena persona para su trabajo.

En tu carta, debes explicar por qué eres más apto que cualquier otra persona que esté solicitando el mismo puesto. Si no tienes la experiencia o las credenciales que te piden, entonces vas a tener que hacer hincapié en menos activos tangibles, como la actitud positiva, la ética de trabajo, la lealtad como miembro del personal, etcétera. Al hacer esto, te recomiendo que no señales o menciones tu falta de experiencia o credenciales. Deja que el posible empleador lo descubra por sí mismo. En lugar de decir, "Aunque no tengo mucha experiencia...", deberías decir, "Estoy dispuesto a trabajar duro para convertirme en un miembro inestimable del equipo" o "Como le diría mi anterior supervisor, tengo una actitud positiva de 'puedo hacerlo', soy un empleado leal y trabajo bien con los demás". Una vez más, no te disculpes por la falta de experiencia o credenciales. Identifica las palabras clave de la oferta de empleo que se aplican a ti y luego resalta los atributos que tienes que se corresponden con esas palabras clave. (Si no te ajustas a ninguna o a muchas de las palabras clave del anuncio de empleo, es posible que no encajes en el puesto).

Además, al crear tu carta de presentación, por favor recuerda enfatizar "lo que puedes hacer por la compañía" en vez de "lo que la compañía puede hacer por ti". El gerente de contratación ya sabe lo que la empresa puede hacer por ti. Tu enfoque debe ser decirles lo que puedes aportar si te contratan. Los gerentes de contratación no quieren escuchar que sus trabajos alimentarán a tu familia, te permitirán obtener el auto deportivo que siempre has querido, o te colocarán en el camino de la carrera que quieres seguir. En lugar de eso, necesitas resaltar lo que puedes hacer por ellos y su compañía.

Y, de manera similar a las recomendaciones hechas para las hojas de vida, si tienes la oportunidad de usar números para ilustrar tus éxitos pasados, deberías hacerlo. (Por ejemplo: "Como gerente de ventas de la Región Nordeste, aumenté las ventas en un 65% el primer año y en un 32% el segundo año"). Una vez más, recuerda que a los gerentes de contratación les gustan los números para ilustrar los éxitos del pasado. Los activos tangibles son generalmente preferidos sobre los activos intangibles en los currículos y cartas de presentación.

Las cartas de presentación también te ofrecen la oportunidad de dar testimonios, aunque debes recordar de nuevo que el espacio para las cartas de presentación es algo limitado. Si tienes la oportunidad de usar un testimonio, deberías hacerlo. (Por ejemplo: "Mi supervisor me dijo que me había desempeñado como un superhéroe en la organización de ese evento", "Uno de mis clientes me dijo que la asistencia que le proporcioné 'salvó el día'", "Recibí constantemente las mejores críticas por mi capacidad para guiar a nuestro equipo de servicio al cliente", etcétera).

Te recomiendo fuertemente que mantengas tus cartas de presentación en una sola página. Y aunque deberías haber incluido tu información de contacto en tu currículum, deberías incluir la misma información de contacto en tu carta de presentación en caso de que el currículum y la carta de presentación terminen separándose.

Y, finalmente, otro recordatorio para que te asegures de que has corregido tu carta de presentación antes de enviarla. Los errores tipográficos o gramaticales bien podrían eliminarte de la consideración. Si es posible, utiliza un par de ojos adicionales para revisar tu carta de presentación y tu currículum. Consigue los servicios de alguien que sea bueno en la corrección de pruebas.

Capítulo 2—Vístete Para Conquistar

Vale, has conseguido una entrevista cara a cara. ¿Lo siguiente? Bueno, una de las cosas que a menudo se pasa por alto es la decisión de cómo vestirse y qué ponerse para la entrevista. Aunque nunca he sido alguien que se preocupe mucho por cómo vestirse, como consejero de carrera he visto a solicitantes perder oportunidades de trabajo por la forma en que se han vestido para una entrevista. Con esto en mente, aquí hay algunas recomendaciones y sugerencias sobre cómo debes vestirte para tu entrevista.

Qué Ponerse Si Eres Hombre.

A diferencia del vestuario de las mujeres para las entrevistas, el de los hombres es relativamente sencillo. Siempre les digo a mis clientes varones que, como entrevistado, su objetivo en cuanto a su atuendo debe ser no sobresalir en una entrevista. Si un hombre se destaca en una entrevista por la forma en que está vestido, puede significar que el entrevistador vio su atuendo negativamente. Como hombre, aunque ciertamente deseas vestirte para tener éxito en cualquier entrevista, tu objetivo debería ser simplemente encajar desde el punto de vista del atuendo. Tu objetivo final debería ser conseguir el trabajo basado en lo que dices en la entrevista y en lo que tienes que ofrecer, no en cómo te vistes. Si crees que un gerente de contratación te va a contratar en base a la forma en que estás vestido, a menos que estés solicitando un trabajo en la industria de la moda, probablemente te estés enfocando en el área equivocada. Dicho esto, no puedes ignorar la importancia de vestirse para tener éxito y causar una buena impresión basada en la forma en que te vistes.

Nunca olvidaré mi primera entrevista al salir de la universidad. Como joven de 21 años, tuve la oportunidad de entrevistarme para un trabajo de relaciones públicas en una importante cadena de restaurantes. En ese momento, hace muchos años, la empresa hizo que los cinco candidatos seleccionados se sentaran en el vestíbulo al mismo tiempo que esperábamos para ser entrevistados. Al sentarme en el vestíbulo con los otros cuatro candidatos, fue inmediatamente evidente que yo era el chico recién salido de la universidad y que los otros cuatro candidatos, también varones, eran mayores y tenían experiencia. Me puse mi único traje, mi "traje de entrevista" azul claro, y un par de zapatos de suela esponjosa. Los otros candidatos llevaban un atuendo más tradicional, trajes más oscuros y zapatos más tradicionales, incluyendo puntas de alas y mocasines. Supe inmediatamente que mi atuendo para la entrevista me haría sobresalir de los otros candidatos, y no de una buena manera. Pero, por otra parte, llevaba menos de un par de semanas fuera de la universidad y no conocía nada mejor. Tuve la suerte de que me invitaran a una segunda entrevista para un trabajo que realmente quería. De nuevo, cuando era niño y acababa de salir de la universidad, estaba acostumbrado a usar jeans y camisetas todos los días y mi traje de entrevista "azul celeste" era el único traje que tenía. Como no quería llevar el mismo traje a la segunda entrevista y no tenía dinero para comprar otro traje, pedí prestado el traje de mi compañero de cuarto de la universidad para la segunda entrevista. Afortunadamente, teníamos casi la misma talla; afortunadamente, me ofrecieron el trabajo a pesar de mi deficiencia de vestuario. Pero aprendí una lección de ello, y me aseguré de que me vistiera más apropiadamente para mis entrevistas posteriores con otras empresas años después.

Para determinar qué ponerse para una entrevista, será útil que sepas cuál es el código de vestimenta o el modo de vestir de la compañía con la que te vas a entrevistar. No todas las compañías se visten igual y encontrarás que los empleados de una compañía que está comenzando probablemente se vistan diferentes a los empleados que trabajan para una firma de abogados corporativos. Si no estás seguro de cuál es el código de vestimenta de una compañía en particular, y realmente quieres asegurarte de que encajas cuando estés allí para tu entrevista, no hay nada malo en llamar a la recepcionista de esa compañía para saber cómo se viste la mayoría de la gente. Incluso he tenido clientes que han ido a la compañía días antes de la entrevista y han visto cómo los empleados se visten con una misión de reconocimiento en el aparcamiento. Aunque creo que esto es un poco drástico, señala que es importante que no parezcas demasiado fuera de lugar con lo que llevas puesto para tu entrevista.

Con suerte, sabrás algo sobre la compañía a la que enviaste tu currículum y tendrás una idea del tipo de negocio en el que están y cómo podrían vestirse. Si estás entrevistando para el puesto de un profesional del golf o de un paisajista, obviamente puedes vestirte de manera muy informal para tu entrevista. De hecho, es probable que pierdas puntos si te presentas con un abrigo y una corbata. Pero para la mayoría de los otros trabajos, tal vez quieras determinar si la compañía con la que te estás entrevistando tiene una vestimenta casual o formal de negocios. La diferencia básica entre estos dos modos de vestir se refiere principalmente a si debes usar una corbata o no, pero también puede tratar de si debes planear usar un abrigo o no.

De cualquier manera, siempre les digo a mis clientes masculinos que, si van a usar un abrigo, se prefiere un abrigo caqui o un abrigo color camello a un abrigo más oscuro. Les digo a los clientes que no se vistan como lo harían para ir a un funeral. Los trajes de raya diplomática pueden ser demasiado formales, dependiendo del trabajo que se solicite. Los blazers marinos pueden ser más apropiados. Los pantalones deberían estar coordinados con el abrigo. Los pantalones azul marino, caqui o incluso los grises son estándar en la mayoría de las entrevistas. El hecho de que uses o no una corbata puede depender de si vas por el look casual de negocios o formal de negocios. El estilo casual de negocios a menudo no incluye una corbata, mientras que el estilo formal de negocios generalmente incluye una corbata.

Si estás tratando de cruzar la línea entre lo casual y lo formal en los negocios, una camisa con botones cubierta por un suéter es a menudo un atuendo aceptable, a menos que el suéter sea el que compraste para una fea fiesta de suéteres. Nuevamente, el que uses una corbata dependerá de si vas por el look casual de negocios o por el formal de negocios.

Con respecto a la elección de la corbata, debes elegir una que no sea demasiado extraña, pero tampoco tiene por qué ser aburrida.

Al elegir una camisa de botones, recomiendo que elijas una camisa de color sólido o una camisa a rayas, algo que funcione con las otras prendas que vas a usar y algo que no reste valor al aspecto general. Recomiendo que elijas una camisa de manga larga en lugar de una camisa de manga corta, sólo porque conozco a algunas personas que son adversas a los botones de manga corta para hombres.

Basándose en el resto de tu conjunto para la entrevista, deberías elegir un buen par de zapatos conservadores que funcionen con el atuendo. No hay nada de malo en usar zapatos marrones en conjunto con un look casual o formal de negocios. Y asegúrate de que tus zapatos estén lustrados, ciertamente no rayados. Además, un cinturón de cuero y calcetines oscuros conservadores son un atuendo normal para una entrevista para hombres, aunque con algunos de los diseños de calcetines únicos y coloridos de hoy en día, los calcetines estampados podrían funcionar también.

Y si eres un gran usuario de joyas, no te pases con las mismas, a menos que estés solicitando un trabajo como productor de música rap. Es una broma. Lo mismo vale para la colonia o la loción para después de afeitarse. No uses o usa poca cantidad.

Y asegúrate de que tus uñas estén limpias y bien cuidadas.

Qué Ponerse Si Eres Mujer.

No debería sorprender a nadie cuando digo que decidir qué ponerse para una entrevista es a menudo más complicado para las mujeres que para los hombres. Aunque voy a dedicar más tiempo a la ropa de las mujeres que a la de los hombres, quiero advertir a las mujeres y decirles que no piensen demasiado en el atuendo que decidan llevar a una entrevista. Aunque la forma en que te vistes en una entrevista es ciertamente importante, sigue siendo secundaria en comparación con la preparación de las partes verbales de la entrevista en sí.

La forma de vestirse para una entrevista dependerá, una vez más, del tipo de compañía con la que te entrevistes. Los códigos de vestimenta de las diferentes compañías pueden variar sustancialmente. Una compañía nueva podría permitir pantalones vaqueros y zapatos tenis, mientras que una compañía de Fortune 500 de Madison Avenue podría incluso descalificar cualquier atuendo que no incluya una falda y pantimedias. Por eso es importante que averigües qué tipo de código de vestimenta tiene la compañía con la que te vas a entrevistar antes de hacerlo. Nuevamente, si no estás seguro, puedes simplemente llamar a la recepcionista de la compañía y preguntar sobre el código de vestimenta o el atuendo estándar. Y, si todavía no estás seguro, te diría que es mejor vestirse bien en lugar de vestirse mal en comparación con el nivel de los empleados allí.

En la mayoría de los casos, animo a las mujeres a vestirse de forma conservadora. Nada demasiado llamativo. Nada demasiado revelador en cuanto al largo del top o de la falda. El largo normal de la falda conservadora es justo por encima o por debajo de la rodilla. Selecciona una blusa o top conservador que coordine con tu ropa.

A diferencia de los hombres, los accesorios son un factor más importante para las mujeres. Si eres mujer, tienes que elegir si quieres usar joyas o no. Y, si eliges usar joyas, tendrás que elegir qué joyas usar. Además, tendrás que elegir qué bolso llevar a una entrevista. En cuanto a las joyas, algunas personas sostienen que las mujeres deben usar poca o ninguna joya en una entrevista. De cualquier manera, es seguro decir que no debes sobrecargar la cantidad de joyas que usas en una entrevista. Tengo una amiga en el negocio de la orientación profesional que les dice a las mujeres que prefiere que no usen ninguna joya en lugar de joyas baratas. Además, en cuanto a la cartera que elija llevar a una entrevista, la bolsa debe ser lo suficientemente grande como para contener su currículum y los documentos correspondientes, sin embargo no debe ser una de esas bolsas monstruosas que a veces vemos. En mis días de recursos humanos, una vez tuve una mujer que trajo una bolsa tan grande a su entrevista que le tomó por lo menos cinco minutos para encontrar su currículum. Al buscar su currículum, procedió a vaciar su bolsa de su contenido, pieza por pieza. Para cuando finalmente localizó su currículum, podría haber tenido una venta de garaje con todos los artículos que había colocado en mi escritorio, y, durante ese tiempo, me había formado la opinión de que estaba desorganizada. En otras palabras, sus posibilidades de conseguir ese trabajo habían terminado incluso antes de que la entrevista comenzara realmente.

Además, animo a las mujeres a ser conscientes de la cantidad de maquillaje y el perfume que usan. Yo animaría a las mujeres a no usar mucho maquillaje y a no usar o no usar mucho perfume. Es importante recordar que algunas personas son alérgicas a los perfumes y otras detestan el uso excesivo de los mismos. Teniendo esto en cuenta, el uso de perfumes en una entrevista probablemente no sea un riesgo que valga la pena la recompensa.

De la misma manera que aconsejé a los hombres que se aseguraran de tener las uñas limpias y bien cuidadas, animo a las mujeres a que se aseguren de que sus uñas estén presentables.

La ropa debe ser siempre conservadora, para no perjudicar la entrevista en sí. La ropa en sí debe ser planchada y/o sin arrugas. También debe estar limpia. No debe tener manchas, agujeros, rajaduras o bordes irregulares. Y cuidado con el pelo de las mascotas si tienes un perro o un gato.

Los zapatos deben estar pulidos y no rayados. El que uses tacones altos o planos depende de ti. Se desaconseja el uso de zapatos de punta abierta.

Si vas a una entrevista inicial con una empresa que tiene un código de vestimenta muy informal, los jeans y los zapatos tenis pueden estar bien, pero los jeans deben estar limpios y sin agujeros y costuras desgastadas. Si vas a una entrevista con una empresa que tiene un código de vestimenta muy casual, te recomiendo seriamente que te asegures de que sea absolutamente casual antes de usar jeans y tenis en una entrevista. Si te equivocas con eso, tu oportunidad de conseguir el trabajo podría terminar antes de que empiece la entrevista. Si no estás seguro, entonces es más seguro vestirse bien en lugar de correr el riesgo de vestirse mal.

Seis Cosas Que No Debes Usar En Una Entrevista.

Aunque muchas de estas cosas son de sentido común, hay algunas cosas que definitivamente no se deben usar o llevar a una entrevista.

1) Ropa brillante y llamativa. Intenta no parecer un árbol de Navidad decorado y andante. Usa colores más conservadores y sólidos. Si vas a usar un color brillante, como una camiseta roja brillante, asegúrate de que el resto de tu ropa compense o equilibre los colores brillantes que estás usando. Nuevamente, el objetivo aquí es que no te destaques por la ropa que llevas puesta. Simplemente quieres verte pulido y profesional.

2) Zapatos rayados, sucios o anticuados. Este consejo se aplica tanto a hombres como a mujeres. Te sorprendería saber cuánta gente presta atención a los zapatos y supongo que los gerentes de contratación están incluidos.

3) Demasiadas joyas o demasiados accesorios. Si eres hombre, quítate las joyas o métalas dentro de tu camisa. Si eres mujer, no te pongas pendientes grandes. Y si usas anteojos funky, vuelve a tu diseño más convencional y conservador, al menos para los propósitos de la entrevista.

4) Corbatas, bufandas y calcetines extravagantes. Esto se aplica particularmente a los hombres, pero también a las mujeres que se complementan con bufandas. Si eres un hombre, no intentes ser el tipo divertido con una corbata o calcetines extravagantes. No estás ahí para mejorar tu futuro como cómico de stand up. Si eres un usuario de corbatín, podrías considerar una corbata más convencional. Aunque creo que las corbatas de moño pueden estar muy de moda, debes saber que algunas personas todavía tienen una aversión a ellas.

5) Maquillaje pesado; perfume o colonia pesada. En lugar de usar maquillaje pesado, o perfume o colonia pesados, te recomendaría que vayas ligero o sin él. Algunas personas son alérgicas a los perfumes o a las colonias; otras personas son muy sensibles a los olores. Nunca se sabe si una de las personas que conoces en una entrevista es de éstos. Además, no uses mucho

maquillaje. No te excedas. Evita el lápiz labial rojo brillante y la sombra de ojos oscura. Una capa ligera de rímel, un toque de polvo y un poco de labial teñido probablemente estén bien, pero no te excedas.

6) Bolsas, carteras, maletines anticuados o desgastados. Algunas personas se olvidan por completo de los bolsos o maletines que utilizan para llevar su currículum o los papeles de la entrevista. Asegúrate de que el maletín que estás usando esté presentable y sea profesional, y que transmita la imagen que quieres presentar a tu posible empleador. Si es una mujer con un bolso, elije un bolso de tamaño más pequeño y minimiza el contenido para que puedas encontrar fácilmente el papeleo que necesitarás durante tu entrevista. Y siempre lleva un bolígrafo.

Una vez más, con cualquiera de estas recomendaciones, debes saber que no están fijadas en concreto. Siempre animo a las personas a ser quienes son y a vestirse de acuerdo a ello. Sin embargo, al elegir qué ropa y cómo quieres lucir para una entrevista, siempre ten en cuenta a la persona o personas con las que te vas a encontrar durante la entrevista y considera qué tipo de impresión estás causando con la forma en que te vistes o con los accesorios.

La Verdad Sobre Los Tatuajes Y Los Piercings.

Entonces, tienes algunos tatuajes o algunos piercings. Bueno, ciertamente no estás solo. Casi el 30% de los americanos tienen tatuajes y la mitad de los millennials tienen tatuajes. Dicho esto, probablemente sepas que algunas personas todavía tienen algunos prejuicios o sentimientos negativos sobre los tatuajes y las perforaciones y, con esto en mente, es posible que tengas que decidir cómo vas a manejar esto al entrar en una entrevista.

En primer lugar, permíteme señalar que con algunos trabajos y algunos empleadores, no va a importar en absoluto si tienes tatuajes o perforaciones. Sin embargo, algunas otras empresas pueden incluso tener políticas de empresa en relación con los tatuajes y las perforaciones.

Antes de discutir cómo debes manejar los tatuajes y piercings al entrar en una entrevista, me gustaría proporcionarte alguna información adicional que puede ayudarte en tu decisión sobre cómo hacerlo. Un sitio popular de encuestas reveló recientemente los resultados de una encuesta que hicieron con respecto a los tatuajes y las perforaciones. Preguntaron a los encuestados si consideraban que los tatuajes y las perforaciones perjudicaban las posibilidades de un solicitante de obtener un empleo. El 76% de los encuestados consideraron que los tatuajes y las perforaciones dañan las posibilidades de un solicitante de empleo. En el mismo sentido, más del 37% de las personas encuestadas dijeron que sentían que los empleados con tatuajes y perforaciones se reflejaban mal en sus empleadores. El 42% pensaba que los tatuajes visibles eran inapropiados en el trabajo; el 55% pensaba que las perforaciones eran inapropiadas en el trabajo.

Al observar los resultados de esta encuesta, no se puede negar que todavía hay muchos prejuicios contra los tatuajes y los piercings, sea justo o no. Hay que señalar que la edad de las personas es un factor significativo en la forma en que se perciben los tatuajes y las perforaciones. Como se puede adivinar, los grupos de mayor edad tienen una percepción más negativa de los tatuajes y las perforaciones; los grupos de menor edad son más tolerantes.

Las personas que tienen una percepción negativa de los tatuajes y las perforaciones son propensas a pensar que las personas que tienen estos tatuajes y perforaciones son, entre otras cosas, menos inteligentes (el 27% de los encuestados pensó que las personas con tatuajes y perforaciones eran menos inteligentes que las personas sin tatuajes y perforaciones), menos atractivas (45%) y más rebeldes (50%). Desafortunadamente, las percepciones de las mujeres con tatuajes y perforaciones son aún peores que las percepciones de los hombres. Mientras que algunas personas perciben a los hombres con tatuajes como más masculinos, más dominantes y más agresivos, las mujeres con tatuajes son percibidas como menos honestas, menos motivadas, menos generosas y menos creativas, entre otras cosas. Estas percepciones negativas son, sin duda, una carga injusta para un candidato cualificado. Enumero estas suposiciones aparentemente injustas sólo para que puedas ver con qué percepciones estás lidiando si eres alguien que tiene tatuajes o perforaciones. Puede que seas un candidato perfectamente calificado para un puesto de trabajo, pero puede que seas estigmatizado o categorizado por tener tatuajes o perforaciones.

Para decidir si debes ocultar tus tatuajes en una entrevista o permitir que se vean, aquí tienes algunos factores posibles:

1) Considera la industria y la posición a la que estás aplicando. Si vas a estar cara a cara con los clientes en ese puesto, es muy posible que tengas que cubrir tus tatuajes y deshacerte de los piercings. Los puestos como representantes de servicio al cliente cara a cara, vendedores al por menor y cajeros de banco son todos los puestos en los que vas a trabajar con el público de forma continua y, como resultado, tu empleador puede no permitirte que tus tatuajes y perforaciones sean visibles.

2) Investiga y considera la cultura de la empresa. Como se mencionó anteriormente, algunas empresas incluso tienen políticas

de empresa contra los tatuajes y los piercings. Si es así, vas a tener que tomar una decisión sobre la importancia de exhibir tus tatuajes y perforaciones, tanto en la entrevista como en el trabajo, si consigues el empleo. Si eres inflexible en cuanto a no ocultar tus tatuajes o perforaciones y si la compañía que te interesa tiene una política contra los tatuajes o perforaciones, debes saber que esto puede afectar tu interés en trabajar para esa compañía o su interés en contratarte. En otras palabras, puede ser un factor de ruptura.

3) Escóndelos en la entrevista y pregunta después. Si no estás seguro de cuál es la postura de la empresa con respecto a los tatuajes y piercings al entrar en la entrevista, probablemente sea mejor esconderlos (si es posible) para la entrevista. Si tienes tatuajes en tus brazos que pueden ser simplemente cubiertos con una camisa de manga larga, entonces cúbrelos para la entrevista; y si parece que el entrevistador tiene más interés en ti como candidato, siempre puedes preguntarle si hay una política de la compañía con respecto a los tatuajes o piercings. Si tienes tatuajes que no puedes cubrir, como tatuajes en tus dedos o en un lado de tu cara, seguramente tendrás que mencionarlo en la entrevista, ya que es poco probable que puedas cubrirte la cara o las manos en la mayoría de los empleos que solicites. Siempre que hablemos de tatuajes en este capítulo, por favor, ten en cuenta que presumo que los tatuajes que tienes no son ofensivos. Si tienes tatuajes que van a ser ofensivos para tus compañeros de trabajo o clientes, es un escenario totalmente diferente y es posible que descubras que esos tatuajes pueden prohibirte conseguir un trabajo y que tengas que alterarlos o quitártelos antes de que puedas conseguirlo.

4) No dejes que tus tatuajes o piercings sean una distracción en una entrevista. Cuando te entrevisten para un trabajo, es de esperar que tus talentos y habilidades sean los principales determinantes para conseguir el trabajo o no. Teniendo esto en cuenta, no querrás que tus tatuajes o perforaciones sean una

distracción en la entrevista. Conseguir un gran trabajo puede ser bastante difícil sin que tus tatuajes resten valor a las razones por las que eres la persona adecuada para el trabajo.

En resumen, por favor no olvides que siempre animo a la gente a ser ellos mismos cuando se entrevistan. No puedo decirte si debes ocultar tus tatuajes o piercings o si debes permitir que sean visibles. Tendrás que tomar esa decisión tú mismo. Sin embargo, sí quise armarte con alguna información y recordarte que algunas personas todavía tienen un prejuicio en contra y una percepción negativa de los tatuajes y piercings. Dependiendo de la compañía con la que te entrevistes y del puesto que solicites, tendrás que determinar si el hecho de exhibir tus tatuajes y perforaciones inhibirá tus posibilidades de conseguir un trabajo en el que estés interesado. Y también tendrás que determinar si los tatuajes o perforaciones te prohibirán hacer el trabajo en sí. Si la compañía tiene una política contra los tatuajes visibles, ¿estarás dispuesto a cubrir tus tatuajes todos los días? Si estás realmente interesado en el trabajo y no tienes problemas para esconder tus tatuajes y disimular tus piercings, entonces te recomiendo que los escondas durante la entrevista. Luego, si tú y el posible empleador tienen más interés en la vacante, deberías averiguar cuál es la política de la compañía con respecto a la exhibición de estas marcas.

Capítulo 3—Prepárate Como Un Campeón

Al prepararse para una entrevista, es importante que te prepares para esa entrevista tanto como sea posible. La preparación es una excelente manera de superar cualquier ansiedad que puedas tener al entrar en una entrevista. Si te has preparado adecuadamente, te darás la mejor oportunidad de conseguir el trabajo.

Cómo Vencer La Ansiedad Y El Nerviosismo.

En primer lugar, déjame decirte que es normal sentirse nervioso o tener algunas mariposas al entrar en una entrevista. Después de todo, esa entrevista puede ser la clave de tu futuro y no debes ignorar el hecho de que puede ser el siguiente paso en tu carrera o en tu vida. Así que no dejes que el hecho de que tengas algo de ansiedad te alarme. Es algo natural.

Con esta sección del libro, voy a darte algunas sugerencias sobre cómo puedes conquistar tu ansiedad mientras te preparas para la entrevista y también en la entrevista misma. La mayoría de mis sugerencias girarán en torno a la preparación. Si te preparas adecuadamente para la entrevista, te darás la oportunidad de superar la entrevista y conseguir una oferta de trabajo.

Mis primeras recomendaciones son comer y dormir. Debes asegurarte de estar bien descansado antes de ir a una entrevista. Duerme bien esta noche. Además, deja la cafeína, ya que sólo aumentará tu ansiedad. Nada de café con cafeína, ni refrescos con cafeína. Y, obviamente, no bebas alcohol antes de una entrevista.

Esto incluye no beber demasiado la noche anterior a la misma. También sugiero que comas algo o tomes un snack ligero antes de ir a una entrevista. Tuve una clienta que entró en una entrevista con el estómago vacío y, como resultado, su estómago estuvo gruñendo fuertemente durante toda la entrevista. Estaba tan avergonzada que no podía concentrarse en la entrevista. En una historia de horror similar, tuve otro cliente que comió una comida grasosa antes de su entrevista y, como resultado, tuvo que pedir usar el baño en medio de la entrevista. En la misma línea, también he tenido clientes que me han dicho que las comidas pesadas que comieron antes de las entrevistas les dieron sueño durante la entrevista. Por lo tanto, el resultado final es que tienes que prestar atención a lo que comes y bebes antes de una entrevista.

Otra forma de reducir la ansiedad por tu entrevista será asegurarte de que llegas a tiempo, suponiendo que se trata de una entrevista cara a cara. Si llegas justo antes de una entrevista, puedes aumentar tu ansiedad. Si llegas tarde, es posible que se te elimine de la oportunidad de trabajo incluso antes de que comience la entrevista. Y, si por casualidad, te das cuenta de que vas a llegar tarde a la entrevista, tienes que llamar a la persona con la que se suponía que te ibas a reunir y decirle que vas a llegar tarde. Te sorprendería saber cuánta gente llega tarde a las entrevistas sin informar a la persona con la que se va a reunir. Si no estás exactamente seguro de cómo llegar al lugar donde se realiza la entrevista, asegúrate de averiguar cómo llegar. Utiliza MapQuest o alguno de los otros sitios de Internet para obtener direcciones de conducción o utiliza el sistema GPS de tu teléfono para guiarte y asegurarte de que tienes tiempo para posibles retrasos en el tráfico. Si el clima es un problema y está creando malas condiciones de conducción, te sugiero que te pongas en contacto con el entrevistador antes de que te dispongas a conducir hasta allí; luego mantenlos informados sobre tu progreso si algo cambia a medida que te diriges hacia su ubicación. Si el trabajo es lo suficientemente importante para ti, y el lugar no está muy lejos, he tenido clientes que han hecho viajes de prueba en los días previos a la entrevista. Pero si estás haciendo una prueba, asegúrate de tener en cuenta la hora del día y los diferentes niveles de tráfico durante esa hora del día. He tenido clientes que hicieron sus pruebas durante horas no laborables y luego cuando viajaron al lugar de la entrevista durante la hora pico, el tiempo de tránsito fue mucho más largo y se dieron cuenta de que no habían previsto suficiente tiempo de tránsito.

Otra forma de reducir la ansiedad de las entrevistas es planear con anticipación lo que vas a vestir, por lo menos un día antes. He tenido clientes que han esperado hasta la mañana de la entrevista para decidir lo que se van a poner, sólo para descubrir que el traje que planeaban usar tenía una mancha o estaba cargado de pelo de mascota, la camisa o blusa que planeaban usar tenía más arrugas que un perro Shar-pei, o los zapatos que planeaban usar necesitaban ser pulidos. Si estás corriendo por ahí tratando de planear tu vestuario el día de la entrevista, seguramente estarás aumentando tu ansiedad.

También es importante que hagas tu tarea con respecto a la compañía con la que te estás entrevistando, especialmente si no estás familiarizado con ella. Internet nos ofrece a todos la posibilidad de investigar las empresas desde nuestros dormitorios. Si no has visitado la página web de la compañía con la que te vas a entrevistar, tienes que hacerlo. Además, por favor usa Google u otro motor de búsqueda para ver si hay algún artículo reciente que proporcione información sobre la compañía. Tuve un cliente que, al investigar la compañía con la que se iba a entrevistar, descubrió que la compañía estaba teniendo algunos problemas financieros serios de los que no estaba enterada. Aunque esta información no la desanimó a seguir adelante, ciertamente le dio algunas preguntas para hacer durante la entrevista. Otra forma de conocer las compañías con las que te estás entrevistando es solicitando información personal. ¿Conoces a alguien que trabaje para esa compañía o que haya trabajado para ella en el pasado? ¿Conoces a alguien que trabaja para un competidor de la compañía con la que te estás entrevistando? Al solicitar información personal e incluso al buscar información en Internet, yo siempre advierto a la gente que tome sus hallazgos con "un grano de sal". La información que recibas podría ser inexacta o estar contaminada, pero sin embargo debería al menos darte algo en que pensar y posiblemente alguna información o preguntas que te ayuden en tu entrevista.

Otra forma de reducir tu ansiedad es prepararte para la entrevista misma. Primero, asegúrate de tener todos los materiales necesarios para llevar contigo a la entrevista: currículum, copia de tu carta de presentación, lista de referencias, portafolio con muestras de tu trabajo, certificaciones, licencias, tarjetas de presentación y, por supuesto, un bolígrafo y un bloc de notas. Nuevamente, presta atención a los detalles en los materiales que reúnas. Sin manchas de café o refrescos en su currículum, sin bolígrafos que tú o tu perro hayan masticado, etcétera. Tú entiendes.

Además, al prepararte para una entrevista, puedes reducir tu ansiedad al determinar algunas de las preguntas que quieres hacer antes de la entrevista. Si crees que existe la posibilidad de que no recuerdes las preguntas que quieres hacer, escríbelas en una hoja de papel y llévala contigo a la entrevista.

¿Tienes algún amigo o pariente con el que puedas practicar la entrevista? Si es así, puede que te resulte muy útil realizar un simulacro de entrevista. Dale a tu amigo algunas preguntas para que te las haga basándose en las preguntas que crees que te harán durante la entrevista misma. Las personas que hacen entrevistas simuladas antes de sus entrevistas reales parecen beneficiarse inmensamente de la práctica de formular y dar respuestas a las posibles preguntas. No hay duda de que esta práctica aumenta la confianza en el momento de la entrevista.

Al entrar en una entrevista, puede que te resulte beneficioso "salir de ti mismo" y de los pensamientos de la entrevista en sí. Algunas personas encuentran esto extremadamente útil, ya que disfrutan cada parte del proceso de la entrevista. . Saludan e involucran a la recepcionista, saludan brevemente a las personas que pasan por el camino a la sala de entrevistas, preguntan al entrevistador cómo le va el día, se concentran en recordar los nombres de las personas que conocen, se centran en un firme apretón de manos y en el contacto visual, etcétera. En otras palabras, dividen cada parte del proceso de la entrevista en un evento separado y, como resultado, es mucho más fácil para ellos relajarse y deshacerse de cualquier ansiedad que puedan estar sintiendo.

En la propia entrevista, siempre animo a la gente a "ir más despacio". Cuando nos ponemos ansiosos, tendemos a apresurar las cosas y eso puede llevar a resultados indeseables. Tengo un amigo que es entrenador de baloncesto juvenil y durante los grandes momentos de los partidos, cuando sus jugadores pueden estar experimentando ansiedad, siempre les dice que vayan más despacio. Lo mismo ocurre con las entrevistas. Si tienes ansiedad y el entrevistador te hace una pregunta, en lugar de soltar la respuesta, ve más despacio y tómate un tiempo para pensar en cómo quieres responder a la pregunta. Eso debería ser útil para reducir tu ansiedad.

En este sentido, debes tener en cuenta que algunos entrevistadores intentarán coger a los solicitantes con la guardia baja bombardeándolos a preguntas. Para los solicitantes con ansiedad, esto realmente puede desorientarlos. Si esto te pasa a ti, debes entender por qué el entrevistador puede estar haciendo esto y también debes entender que él o ella probablemente esté usando la misma táctica con otros candidatos. Los entrevistadores a veces interrogan a los candidatos para saber cómo reaccionará el candidato ante el estrés. Si sabes de antemano que este es un enfoque utilizado por algunos entrevistadores, sentirás mucha menos ansiedad sabiendo cuál es la motivación y sabiendo que probablemente todos los candidatos están siendo tratados de la misma manera.

Y finalmente, otra forma de reducir tu ansiedad en una entrevista es hacerle algunas preguntas al entrevistador y dejar que responda. "Pon el reflector sobre ellos", en otras palabras. Con suerte, tendrás algunas preguntas preparadas de antemano y también podrás formular otras preguntas durante la entrevista. Descubrirás que tendrás muchas más posibilidades de conseguir el empleo si puedes convertir la entrevista de un monólogo a una conversación de dos vías. No sólo tendrás menos ansiedad, sino que también descubrirás que la entrevista se siente mucho mejor si se trata de una conversación en lugar de un interrogatorio.

Nueve Cosas Que Debes Investigar Para Tu Entrevista.

La investigación es una gran parte de la preparación para cualquier entrevista. Si quieres darte la mejor oportunidad de conseguir el trabajo, te asegurarás de que has investigado el puesto que estás solicitando y la empresa correspondiente.

1)	Acerca de la Compañía. Te sorprendería saber cuántos solicitantes de empleo no saben mucho sobre la compañía con la que se están entrevistando. Cuando el entrevistador te pregunta qué sabes sobre la empresa y tú respondes: "Bueno, mi cuñado me dijo que es un gran lugar para trabajar", eso no va a ser suficiente. En realidad, tendrás que saber algo más sobre la empresa en la que esperas trabajar. Internet y Google facilitan mucho la tarea de los solicitantes de empleo a la investigación de empresas. Casi todas las empresas tienen sitios web y puedes aprender mucho sobre ellas navegando por sus sitios web. Por lo general, se pueden obtener noticias recientes, la historia de la empresa e incluso la cultura de la empresa en un sitio web. La mayoría de los sitios web tienen una página "Acerca de nosotros" que imparte cierta información sobre la empresa. Algunos sitios web tienen enlaces a sus blogs o boletines de noticias. Puedes aprender mucho sobre la mayoría de las empresas al examinar esta información. Del mismo modo, también utilizaría Google para obtener información adicional sobre la empresa con la que te vas a entrevistar. Debes recordar que a veces los sitios web de las empresas ofrecen una imagen rosada de la empresa, que es contraria a lo que puedes encontrar en la búsqueda de artículos o reseñas en Google. Una vez más, debo recordarte que debes estar preparado para tomar esta información "con un grano de sal". Por ejemplo, si te interesa trabajar en un restaurante determinado y encuentras un artículo que destroza ese restaurante en Google, toma ese artículo con un grano de sal. Podría ser un caso en el que alguien está en una guerra y tiene un hacha para arremeter contra ese restaurante. Por otro lado, si ves quejas repetidas contra ese restaurante o cualquier otra empresa, probablemente puedas presumir que tienen un problema en esa área.

2)   Cultura Corporativa/de la Empresa. Si lees entre líneas en la página web de la empresa o en los blogs o boletines de noticias de la empresa, deberías poder hacerte una idea de la cultura corporativa. Si un boletín describe el picnic anual de la compañía y muestra muchas familias con niños, eso podría significar que es una compañía que valora a sus empleados y a sus familias. Si una compañía está involucrada en muchas actividades caritativas externas (recaudando dinero para el hospital infantil local, construyendo y reparando casas como parte de Hábitat para la Humanidad, etcétera), entonces puedes suponer que la cultura de la compañía incluye trabajo caritativo en la comunidad. Si los boletines informativos se refieren a los equipos de softball de la compañía, a las salidas corporativas, o a las sesiones o retiros de planificación corporativa, tienes un vistazo adicional a la cultura de la compañía. También puedes encontrar más información sobre una compañía y su cultura viendo sus cuentas de redes sociales, incluyendo plataformas como Facebook, Twitter, Instagram y LinkedIn.

3) Historia de la Empresa. Es bueno que puedas reunir alguna información sobre la historia de la empresa. Tal vez descubras que la compañía fue iniciada por un par de compañeros de universidad en un dormitorio o que el primer restaurante de comida rápida de la compañía se inició en el sur de California. Cualquier información que encuentres puede darte una mejor indicación de la procedencia de la compañía y cómo se relaciona con lo que es ahora. Y no dudes en "soltar" algo de la información que averigües en tu conversación de entrevista cuando sea apropiado. No afectará tus posibilidades si el entrevistador sabe que te tomaste un tiempo para hacer tu tarea.

4) Los Jugadores Clave. Al investigar un posible empleador, debes determinar quiénes son los actores clave. Ya sea que se trate del fundador, el propietario, el actual director ejecutivo o los jefes de departamento, te conviene averiguar todo lo que puedas sobre los actores clave de la empresa. Como ejemplo, tengo un cliente que ha estado en la carrera de marketing de restaurantes por un par de décadas. Cuando investiga la próxima empresa en la que le gustaría trabajar, una de las primeras cosas que hace es comprobar cuáles son los antecedentes de los principales actores. ¿Tienen todos ellos antecedentes en restaurantes o algunos de ellos tienen antecedentes no relacionados con los restaurantes? ¿Son los jugadores clave en su mayoría jóvenes o son mayores? Al leer las biografías de una de sus empresas objetivo recientes, mi cliente determinó que dos de los peces gordos de la empresa tenían la misma alma mater universitaria que él. También descubrió que varios de ellos estaban muy interesados en el golf como hobby. Mi cliente tomó nota de esto, ya que también era un ávido golfista. Y más tarde, cuando se presentó la oportunidad, mencionó su amor por el golf en una entrevista y eso llevó a una conversación con el gerente de contratación, que también era un ávido golfista. El resultado final es que mi cliente investigó a los jugadores clave de la compañía en la que estaba interesado en trabajar y utilizó la información que obtuvo en su beneficio,

encontrando puntos en común con la persona que hizo la entrevista y algunos de los ejecutivos clave de la compañía. Con el conocimiento de que su alma mater era la misma que la de un par de ejecutivos y que uno de sus pasatiempos favoritos era el mismo que el de algunos de los ejecutivos de la empresa, pudo establecer un terreno común y darles la indicación de que encajaría con la empresa y sus ejecutivos.

5) El Entrevistador. Con suerte, podrás obtener el nombre de la persona que te va a entrevistar y podrás hacer una rápida investigación sobre ella. Si el entrevistador no aparece en la página web de la empresa, puedes comprobar las plataformas de medios sociales y Google para ver si puedes encontrar una presencia. Una vez más, no quieres exagerar con esto, sin embargo, es posible que encuentres "puntos en común" entre tú y tu entrevistador con la información que puedas encontrar.

6) Competidores de la Empresa. La mayoría de las empresas tienen competidores y puede ser útil que averigües quiénes son esos competidores y cómo pueden afectar a la posición de la empresa.

7) Noticias, Eventos Recientes. Parte de esto probablemente debería estar en la sección Acerca de la Empresa, pero también es lo suficientemente importante como para tener su propia sección o mención. Puedes usar el Internet para encontrar todo tipo de información sobre la compañía con la que te vas a entrevistar. Los artículos de noticias recientes, blogs o boletines de noticias pueden informarte sobre los nuevos productos que están introduciendo, los nuevos servicios que están ofreciendo, una nueva sucursal o ubicación que están abriendo, su expansión en otros países, etcétera. Dado que algunas de estas noticias pueden estar relacionadas con el puesto de trabajo que estás solicitando, esta información puede ser muy útil para determinar por qué la empresa tiene la vacante.

8) Reseñas. Al igual que buscas noticias e información sobre la empresa con la que te vas a entrevistar, también deberías consultar

las reseñas. Esto se puede hacer a menudo simplemente en Google indicando el nombre de la empresa y luego poniendo la palabra "reseñas" detrás de ella. (es decir, reseñas de XYZ). Puede que te sorprenda lo que encuentres en las reseñas. Por ejemplo, el hijo de mi vecino estaba buscando un trabajo de verano entre su primer y segundo año de universidad. Quería trabajar en el comercio minorista y tenía en mente una cadena minorista específica. Antes de enviar su solicitud a la compañía que quería, buscó reseñas para esta compañía en Internet. Se sorprendió al descubrir que la compañía en la que había estado interesado era conocida por pagar a sus empleados menos que muchos otros tipos de venta al por menor y una serie de críticas de ex empleados revelaron algunas razones por las que probablemente no era el gran lugar de trabajo que él pensaba que podría ser. Así que, en su situación particular, las críticas de investigación resultaron ser muy útiles para este joven y terminó trabajando para otro minorista de mayor paga.

9) Detalles Exclusivos. En la misma línea de las reseñas mencionadas anteriormente, puedes obtener primicias adicionales sobre los posibles empleadores buscando en Internet. Glassdoor.com es un sitio que puede proporcionar información interna sobre muchas empresas. La información proporcionada incluye cifras de salario, funciones de los empleados, revisiones de la empresa, el proceso de contratación y otros detalles que puede utilizar a su favor para posicionarse por encima de otros candidatos para el mismo trabajo.

Una vez más, me gustaría enfatizar la importancia de hacer tu tarea en la investigación de posibles empleadores. Al hacerlo, buscas información que te coloque por encima de los otros candidatos que buscan el mismo trabajo. Al investigar posibles empleadores, siempre les recuerdo a los clientes que no deben ignorar información aparentemente sin importancia. Como se mencionó anteriormente en algunos de los ejemplos anteriores, podrías usar información sin importancia como, por ejemplo, los conocimientos universitarios o el amor por el golf como pasatiempo para establecer un terreno común con la persona con la que te entrevistas, o con la empresa para la que quieres trabajar. En el peor de los casos, al menos podrás demostrarle a tu posible empleador que te has tomado el tiempo para investigar su compañía. En el mejor de los casos, la información que encuentres puede ser un elemento clave para ayudarte a demostrar que eres un buen candidato para el trabajo que estás solicitando.

Otras Formas Vitales De Prepararte Para Tu Entrevista De Trabajo.

Aquí hay algunos consejos adicionales que puedes usar para prepararte para tu entrevista de trabajo:

Asegúrate de practicar tus respuestas a las preguntas más comunes de la entrevista. La mayoría de las entrevistas contienen la pregunta "Háblame de ti" de alguna manera, así que definitivamente debes tener una respuesta preparada para esa pregunta. Una pregunta común que ha sido la caída de muchos solicitantes de empleo, es la pregunta "Describa su mayor debilidad". Esta es una pregunta difícil que necesita ser manejada apropiadamente. Probablemente no querrás decir que no tienen alguna debilidad, ya que eso puede resultar arrogante. Y no querrás pasar un largo tiempo describiendo tus debilidades, ya que sin duda te servirá más si dedicas tiempo a tus fortalezas. Cuando mis clientes me preguntan cómo deben manejar esta cuestión, les digo que enumeren una debilidad específica, pero que también expliquen cómo están trabajando para superar la debilidad. Por ejemplo, tengo un cliente que es algo tímido, al menos hasta que la gente lo conoce. Está en una posición de relaciones públicas, por lo que sus trabajos han implicado a menudo hablar delante de grupos de personas. Nunca se ha sentido cómodo con esto, sin embargo, ha trabajado para llegar a dominarlo. Por lo tanto, cuando el entrevistador le preguntó cuál era su mayor debilidad, respondió: "Nunca me he sentido realmente cómodo hablando frente a grupos. Sin embargo, he trabajado duro en ello. Me he unido a Toastmasters y me he ofrecido como ponente o presentador invitado en varias funciones de la industria. Ahora me siento mucho más cómodo hablando delante de los grupos y sigo trabajando para mejorar, pero he mejorado considerablemente desde que me di cuenta de que tenía algunas deficiencias como orador público. Ahora estoy al punto de que ya no lo considero una debilidad".

Otra pregunta que es probable que te hagan de una forma u otra es: "¿Por qué te interesa este puesto?" o "¿Por qué te interesa trabajar en nuestra empresa?" Una vez más, deberías tener una respuesta ensayada y pulida a esta pregunta. Al responder a la pregunta, es importante enfatizar lo que puedes hacer por la empresa y lo que puedes aportar en lugar de lo que la empresa puede hacer por ti.

Al prepararse para una entrevista, te sugiero seriamente que practiques la respuesta a las diferentes preguntas que se pueden hacer. Y practica tus respuestas en voz alta. Una cosa es tener una respuesta dentro de tu cabeza, pero otra cosa es escuchar cómo suena esa respuesta cuando la expresas en voz alta. Tengo un cliente que me dice que a veces practica sus respuestas en la ducha, en lugar de cantar. Otras personas se pondrán de pie frente a los espejos mientras practican cómo responder a las preguntas. Si tienes un amigo o pariente, o incluso un perro leal, que se ofrecerá como voluntario para ser un oyente dispuesto a escuchar mientras practicas tus respuestas, eso será aún mejor. He visto los resultados que las entrevistas simuladas y la práctica de respuestas pueden producir y recomiendo enérgicamente que incluyas esto en tu arsenal de preparación de entrevistas.

También animo a la gente a preparar algunas preguntas para responder durante la entrevista. Y luego, con suerte, durante la entrevista, podrás hacer algunas preguntas adicionales a tu entrevistador. Está bien anotar estas preguntas en un cuaderno y llevarlas a la entrevista. Pero asegúrate de que sigues participando en la entrevista y de que escuchas la información que te da el entrevistador. No querrás estar haciendo preguntas por información que el entrevistador ya ha proporcionado.

También le digo a la gente que prepare un kit de especial para llevar a la entrevista. Esto incluye currículum, una copia de tu carta de presentación, una copia de la oferta de trabajo, muestras de trabajos anteriores que te gustaría mostrar, licencias y certificaciones, y una lista de referencias comprobadas. Cuando digo "comprobadas", estoy firmemente asumiendo que ya has compilado una lista de referencias personales y profesionales con las que te has puesto en contacto y que han accedido a responder por ti. Te sorprendería saber cuánta gente lista las referencias sin siquiera informarles que han sido incluidas como referencia.

Tu kit de entrevista debe incluir por lo menos cinco o seis currículos, ya que nunca puedes estar seguro de cuántas personas conocerás durante el proceso de entrevista. Y no olvides incluir cosas como servilletas o pañuelos de papel, mentas o spray para el aliento, un palillo para manchas, un quita pelusas e incluso un paraguas. En otras palabras, prepárate.

Si vas a llevar un bolso a tu entrevista, asegúrate de que esté limpio y de que sólo lleves lo esencial que necesites para la entrevista. Si necesitas que alguien te ayude a llevar tu bolso a la sala de entrevistas porque es muy pesado, no lo has limpiado lo suficiente. Es una broma.

Y siempre lleva contigo un cuaderno y un bolígrafo a la entrevista. Ese cuaderno puede incluir cualquier nota o pregunta que hayas preparado para la entrevista, pero también puedes usarlo para tomar notas y anotar cualquier pregunta que tengas durante el proceso de la entrevista. Nuevamente, es importante que si vas a tomar notas durante una entrevista, no te excedas. No querrás pasar todo el tiempo mirando a tu cuaderno de notas cuando deberías estar haciendo contacto visual y relacionándote con el entrevistador. Con las notas que lleves a cualquier entrevista debes estar lo suficientemente familiarizado, para no tener que referirte a ellas constantemente. Y ciertamente no querrás leer esas notas al pie de la letra. También les digo a los clientes que simulen ser un locutor de televisión, que miren sus notas de vez en cuando, pero que pasen casi todo el tiempo mirando al entrevistador y comunicándose con él. Y sí, el contacto visual es extremadamente importante. Cuando se conoce a alguien y se entrevista a alguien, es necesario mirarle a los ojos. Cuando era gerente de contratación, consideraba esto como algo absolutamente necesario. Las personas que no me miraban a los ojos cuando me reunía con ellos por primera vez ya habían perdido puntos conmigo.

El lenguaje corporal es importante. Párate derecho, siéntate derecho y actúa interesado. No te encorves ni te desplomes.

Por último, si eres una persona para la que la conversación o el discurso no se da con fluidez, te sugiero que crees una frase que puedas utilizar para llenar el espacio mientras te preparas para responder a las preguntas de la entrevista. Algunas personas simplemente repetirán la pregunta. Por ejemplo, cuando se les pregunte por qué están interesados en trabajar para la empresa con la que se están entrevistando, usarán esa pregunta para hacer la transición a su respuesta. "¿Por qué estoy interesado en trabajar para la Compañía XYZ? Bueno, entre otras cosas, me encanta la industria y, con mi experiencia y mi entusiasmo, creo que podría aportar mucho". O, podrías responder diciendo: "Esa es una gran pregunta. Tendría que decir que entre las razones por las que me gustaría trabajar para la Compañía XYZ están el hecho de que..." Ya te lo imaginas. Si la conversación o la respuesta a las preguntas no te resultan fáciles, utiliza algunas frases de ayuda para llenar el vacío mientras organizas tus pensamientos.

Si quieres darte la mejor oportunidad de tener éxito en una entrevista, debes asegurarte de prepararte para ella. En la mayoría de los casos, estarás compitiendo por puestos de trabajo contra candidatos que seguramente harán sus deberes al prepararse para la entrevista. Tendrás que asegurarte de que puedes igualar o superar sus esfuerzos si vas a conseguir el trabajo para el que te estás entrevistando.

Capítulo 4—Preguntas y Respuestas

Al entrar en una entrevista, nunca puedes estar seguro de qué tipo de preguntas te van a hacer. Para ayudarte en este proceso, voy a usar mi experiencia como consejero de carrera y te daré algunas preguntas comunes y otras más difíciles y desafiantes que te podrían hacer en tus entrevistas. Aunque no podré darte las preguntas exactas que te harán, las preguntas que he descrito deberían darte una buena idea de lo que te pueden preguntar en una entrevista.

10 Preguntas De Entrevista Comunes Y Cómo Superarlas.

Junto con las preguntas comunes que te podrían hacer, he enumerado algunos consejos sobre cómo podrías responder. Aunque obviamente querrás dar tus propias respuestas, los consejos que te he dado deberían darte algunas ideas sobre cómo podrías responder a las preguntas.

1) *"Háblame de ti"*. Esta es una pregunta muy común, a menudo utilizada cerca del comienzo de una entrevista. Con esta solicitud, el entrevistador intenta obtener una visión general rápida de quién eres y asegurarse de que encajas bien en la oferta de trabajo. Si te preparas para responder a cualquier pregunta común de la entrevista, esta es la pregunta que definitivamente debes practicar respondiendo, una y otra vez. Es una pregunta importante y, dado que casi siempre aparecerá cerca del comienzo de cualquier

entrevista, querrás tratar de establecerte inmediatamente como un candidato formidable; preferiblemente como un candidato que se presenta por encima de los otros candidatos. Al responder a la pregunta, debes proporcionar una visión general de tu puesto actual y luego dar información sobre cómo se relaciona tu puesto actual con el puesto al que te estás presentando. Además, proporciona cualquier otro aspecto destacado de tu carrera o antecedentes que se relacione con el trabajo que estás solicitando. Y, está bien que incluyas algunos detalles personales que puedan ayudar al entrevistador a recordarte y a separarte de los otros candidatos, por ejemplo: "Y cuando no estoy trabajando, me encanta pasar tiempo con mi familia. Este verano voy a entrenar al equipo de softball de mi hija de nueve años. Me encanta".

2) *"¿Cómo te describirías a ti mismo?"* Cuando hacen esta pregunta, no buscan tu altura, tu peso y tu color de ojos. Proporciona una respuesta que coincida con las cualidades y habilidades que dijeron que están buscando en la descripción de su trabajo. Si una de las palabras clave en su anuncio de trabajo se refería a alguien que puede liderar un equipo de empleados, debes asegurarte de mencionar que eres un excelente líder, alguien que se comunica bien, que disfruta liderando un equipo y que es bueno en ello. Si su anuncio de trabajo menciona que están buscando a alguien que pueda llevar un proyecto de principio a fin sin mucha supervisión, menciona el hecho de que puedes tomar un proyecto y llevarlo a cabo en tu respuesta. Ofrece sólo descripciones positivas; trata de correlacionar la descripción de ti mismo con las cualidades que parecen estar buscando en un candidato.

3) *"¿Por qué quieres trabajar aquí?"* Esta pregunta te ofrece la oportunidad de demostrar que has hecho tu tarea y tu

investigación. Con tu respuesta, puedes señalar cómo los productos, servicios, historia o cultura de la compañía se relacionan con tus intereses. Por ejemplo, cuando mi hija, estudiante universitaria, solicitó un puesto de temporada en una librería, le hicieron esta pregunta y ella respondió de la misma manera: "Me encantan los libros, me encantan las librerías, me encanta contarle a la gente sobre los buenos libros y me encanta ayudar a la gente. Me ha encantado venir aquí como cliente con mis padres desde que era una niña y me gusta la forma en que este lugar hace que los clientes se sientan valorados y bienvenidos. La gente que trabaja en esta tienda siempre es muy servicial. Quiero ser una de esas personas". En mi opinión, esta fue una respuesta estupenda, ya que decía exactamente por qué quería trabajar allí. Es cierto que estaba solicitando un puesto básico de venta al por menor, por lo que no entró en muchos detalles sobre lo que podía aportar más allá de una actitud útil de "puedo hacerlo", pero es una estudiante universitaria y no tiene mucha experiencia laboral. Si está solicitando un puesto de mayor nivel, puede usar referencias más tangibles y menos emocionales sobre por qué quiere trabajar allí.

4) *"¿Qué es lo que más te interesa del trabajo que estás solicitando?"* Esta pregunta te ofrece la oportunidad de decir cómo tus habilidades, tu experiencia o tu actitud coinciden con lo que están buscando. Una vez más, te recuerdo que debes pensar en lo que puedes ofrecer a la empresa con esta respuesta en lugar de lo que ellos pueden ofrecerte.

5) *"¿Por qué quieres dejar tu trabajo actual?"* Al responder a esta pregunta, no es el momento de atacar a tu compañía actual o a tu posición actual. No es el momento de sacar la toalla de llorar o el hacha para moler. No te centres en los aspectos negativos de tu

empresa o posición actual. En cambio, enfócate en las oportunidades o en los aspectos positivos que el nuevo trabajo te ofrecería.

6) *"¿Qué te apasiona?"* Otra oportunidad para relacionar tus intereses y pasiones con lo que el futuro empleador está buscando. Nuevamente, regresa al anuncio de trabajo original y agrega cualquier otra información que hayas aprendido sobre el puesto para el que te estás entrevistando y formula una respuesta que muestre cómo tus intereses y pasiones encajan con lo que están buscando en un empleado.

7) *"¿Cuáles son tus mayores fortalezas?"* Esta es una oportunidad para que te pongas a tocar tu propia trompeta. Una vez más, tu respuesta debe estar relacionada con las cualidades que buscan encontrar en un nuevo empleado. Por ejemplo, si están buscando a alguien que pueda crear e implementar introducciones de nuevos productos, podrías responder: "Me encanta desarrollar campañas de nuevos productos y soy bueno en ello. Lo he hecho en mi empresa actual y nuestras presentaciones de productos siempre han sido muy exitosas. Puedo llevar una introducción desde la fase de idea hasta la fase de implementación y puedo hacerlo sin mucha supervisión. Me considero un experto en el desarrollo de introducciones de productos y creo que eso es definitivamente algo que puedo aportar en la posición que usted ofrece".

8) *"¿Cuáles son tus mayores debilidades?"* Ya hemos descrito esta pregunta en detalle anteriormente en este libro, pero te recordaré de nuevo que es un poco una pregunta trampa, ya que no querrás pasar mucho tiempo centrándote en tus deficiencias cuando

sería más beneficioso enfocarte en tus fortalezas. Probablemente no sea prudente que respondas que no tienes debilidades, ya que eso se verá como algo arrogante y engreído. Por lo tanto, con la respuesta que des, idealmente darás un ejemplo de una debilidad legítima que tienes, pero luego le dirás al entrevistador cómo has trabajado para corregir esta debilidad. ¿Eres una persona que no puede decir "no" y que asume demasiadas cosas? Si es así, puedes señalar con tu respuesta que has aprendido a decir "no", has aprendido a delegar o has aprendido a pedir ayuda a tu equipo. ¿Eres alguien que prefiere hacer las cosas por sí mismo en lugar de delegarlas a un compañero de trabajo que tal vez no pueda hacerlas también? En caso afirmativo, explica cómo has trabajado para superar esta debilidad. Tal vez hayas hecho un esfuerzo más concentrado para educar al empleado al comienzo del proyecto o tal vez te reúnas con el empleado un par de veces a la semana durante todo el proyecto para asegurarte de que está progresando según lo planeado. De cualquier manera, sea cual sea la debilidad que le reveles al entrevistador, debes asegurarte de decirle cómo has trabajado para rectificar esa deficiencia.

9) *"¿Cuáles son tus metas para el futuro? ¿Dónde quieres estar en cinco años?"* No soy un gran fan de estas preguntas, pero sin embargo se hacen a menudo. Al hacer cualquiera de estas preguntas, un gerente de contratación probablemente esté haciendo una de dos cosas: Probablemente están tratando de averiguar si planeas quedarte por un tiempo o quieren saber cómo su compañía o su posición encajan en tus objetivos a largo plazo. Por lo tanto, al responder a la pregunta, debes volver a relatar cómo su empresa y el puesto que ofrecen encajan en tus planes. Si estás entrevistando para un puesto de marketing en un restaurante y le dices al entrevistador que quieres ser dueño de una empresa de poda de árboles en los próximos cinco años, eso probablemente no te ayudará a asegurar el

trabajo para el que te estás entrevistando. En este sentido, tu respuesta nunca debería ser, "No tengo ni idea". Es dudoso que su futuro empleador vaya a estar interesado en contratar a un empleado que no tiene ni idea de adónde va con su vida.

10) *"Háblame de una situación laboral difícil que hayas tenido y cómo la manejaste".* Con esta pregunta, el entrevistador probablemente está tratando de determinar cómo manejas la adversidad y/o determinar si eres capaz de resolver los problemas. Al responder a una pregunta como esta, debes recordar que las historias son a menudo más efectivas que los hechos y las cifras. Si tienes una historia que puedes contar para mostrar cómo resolviste una situación difícil, será más memorable que cualquier hecho y cifra que puedas transmitir, por ejemplo- Una planificadora de eventos tiene un fotógrafo de bodas que le cancela el día de la boda... Un cliente corporativo importante anuncia que está pensando en llevar su negocio a otro lugar porque no siente que ha estado recibiendo la atención adecuada del vendedor que trabaja para ti. Trabajaste en una tienda minorista durante la temporada de fiestas, la fila en la caja registradora era como de 10 personas de largo, y tenía un cliente que se quejaba a gritos de la espera. En cualquiera de estas situaciones o en tu propia situación difícil, debes detallar cómo trabajaste para resolver el problema. Y, con suerte, tenía un final feliz. Y, idealmente, este problema se relacionará de alguna manera con el puesto que estás solicitando.

11) *"¿Por qué deberíamos contratarte?"* Esta es una pregunta que normalmente aparece cerca del final de la entrevista. Si te hacen esta pregunta, debes considerarla como una última oportunidad para reiterar lo que puedes aportar y por qué serás un buen candidato para el trabajo que están ofreciendo. Detalla nuevamente las habilidades y

la experiencia que te hacen un gran candidato para llenar el puesto vacante. Además, no tengas miedo de hacer una declaración más emocional y menos tangible, como "Estoy seguro de que seré un empleado valioso", "Te aseguro que trabajaré duro para lograr las metas que me has fijado", "Estoy muy interesado en trabajar aquí y estoy seguro de que puedo ser un miembro valioso del equipo", etcétera.

12) *"¿Tienes alguna pregunta?"* Esta pregunta también aparece a menudo al final o cerca del final de la entrevista. No es una pregunta desechable y nunca debes dejar de hacer preguntas adicionales. Esta pregunta te ofrece la oportunidad de cubrir cualquier tema que no se haya tratado en la entrevista. Nuevamente, debes referirte a cualquier pregunta que tenías en tu cuaderno de notas antes de la entrevista o cualquier pregunta que pueda haberse desarrollado durante el curso de la misma. Si se han cubierto todas tus preguntas, aprovecha la oportunidad de convertir el tiempo restante de la entrevista más en una conversación. Podrías preguntarle al entrevistador sobre sus propias experiencias dentro de la compañía, preguntarle cómo se vería el éxito en el puesto para el que está contratando, o preguntarle cuáles son algunos de los desafíos que podrías esperar en el puesto para el que está contratando. De cualquier manera, no dejes pasar la oportunidad de demostrarle al entrevistador que estás interesado en el trabajo que te están ofreciendo haciendo algunas preguntas pertinentes. Si no haces ninguna pregunta, el entrevistador puede pensar que no estás interesado en el puesto.

Manejando Las Preguntas Difíciles Como Un Campeón.

Encuentra trabajo hoy

No te sorprendas si te hacen algunas preguntas difíciles o desafiantes en tu entrevista. Después de todo, una entrevista es parte de un proceso de eliminación y los entrevistadores están buscando maneras de separar la competencia y determinar quién será el mejor para el trabajo.

Cuando acababa de salir de la universidad, tuve una entrevista para un trabajo que realmente quería. Me preparé diligentemente para esa entrevista. Practiqué las respuestas a muchas preguntas diferentes pidiendo a mis amigos que hicieran simulacros de entrevistas. Una y otra vez, ensayé las respuestas a cualquier pregunta que pensé que el entrevistador podría hacer. Para cuando la entrevista empezó, pensé que estaba listo para cualquier pregunta imaginable. A los tres minutos de la entrevista, el entrevistador me hizo una pregunta que me dejó totalmente fuera de balance. Su pregunta fue: "Si fueras un árbol, ¿qué clase de árbol serías y por qué?" Ups, no había practicado para esa. ¿Por qué un entrevistador haría una pregunta como esa? No tuve mucho tiempo para analizar por qué me preguntó eso, pero quería saber cuál era el método de su locura al preguntarme eso, antes de dar mi respuesta. Rápidamente determiné, correctamente creo, que ella quería ver si yo era capaz de pensar fuera de la caja y ver cómo era mi proceso de pensamiento. Después de tartamudear y balbucear por poco tiempo, le contesté, "Yo sería un roble. Los robles son fuertes y estables y son útiles. Los robles tienen un sistema de raíces fuerte. Cuando están en plena floración, proporcionan sombra para que otros disfruten. Y proveen nueces (bellotas) que las ardillas, pavos salvajes y otros animales pueden disfrutar". Cuando terminé de responder a esa pregunta, estaba seguro de que lo había manejado adecuadamente.

Aunque probablemente no había una respuesta correcta o incorrecta a

Encuentra trabajo hoy

esa pregunta, estaba feliz de haber sido capaz de proporcionar algunas razones decentes por las que sería un roble. Más tarde bromeé que estaba contento de no haber dicho que quería ser un sauce llorón o un arce con savia.

Un cliente mío me informó que recientemente le hicieron una pregunta similar en una entrevista: "Si pudieras ser un superhéroe, ¿qué superhéroe serías y por qué?" De nuevo, supongo que el entrevistador estaba tratando de determinar el proceso de pensamiento del solicitante con una pregunta como esta. Mi cliente, que me dijo que realmente no conoce a muchos superhéroes, me dijo que respondió que él sería Batman, ya que Batman y Superman eran los únicos dos superhéroes en los que podía pensar cuando le hicieron la pregunta. Dijo que eligió a Batman porque Batman es/era alguien que es muy protector. Trabaja bien con sus socios, incluyendo su compañero Robin y su mayordomo Alfred. Está en buena forma física y mental, y es inteligente. Tiene una pasión por la justicia y un interés en proteger a la gente de la injusticia. Mi cliente añadió entonces que él era como Batman en el sentido de que trabaja bien con sus compañeros de trabajo, trata de mantenerse en forma física y mental, y, como empleado leal, siempre quiere hacer las cosas bien si están mal.

No es una mala respuesta de mi amigo, creo. Demostró que podía pensar en la respuesta a una pregunta desafiante y luego volver a centrar todo en cómo las cualidades de Batman y las suyas propias lo convertirían en un candidato viable para el puesto que solicitaba.

En la sección anterior sobre preguntas comunes de la entrevista, ya he enumerado algunas preguntas comunes que yo consideraría como preguntas desafiantes. Preguntas como "¿Dónde quieres estar en cinco años?", "¿Puedes contarme sobre una situación difícil que hayas tenido anteriormente en un trabajo y cómo la manejaste?", y "¿Cuáles son tus debilidades?" son todas preguntas comunes y desafiantes de la entrevista. Cómo responder a esas preguntas puede determinar si avanzas en el proceso de la entrevista. Teniendo esto en cuenta, te sugiero seriamente que practiques tus respuestas a estas preguntas.

Para que te diviertas, he reunido algunas otras preguntas desafiantes para que las consideres cuando hagas tus entrevistas simuladas. Aunque las posibilidades de que te hagan estas preguntas específicas son mínimas, debes usarlas para afinar tu proceso de pensamiento al formular respuestas racionales y razonables a las preguntas difíciles. Aunque no voy a enumerar las respuestas a estas preguntas, ya que muchas de ellas son preguntas de proceso de pensamiento que no tienen respuestas específicas correctas o incorrectas, espero que estas preguntas te proporcionen algo de reflexión mientras te preparas para tu entrevista.

Aquí va:

1. *"Si fueras un auto, ¿qué clase de auto serías y por qué?"*

2. *"¿Por qué crees que tendrías éxito en el trabajo que estás solicitando?"*

3. *"¿Puedes explicar la interrupción de empleo en tu currículum?"*

4. *"¿Qué puedes ofrecernos tú como empleado que otros candidatos no puedan?"*

5. *"Si pudieras organizar una cena con cuatro personas famosas, vivas o muertas, ¿a quién invitarías y por qué?"*

6. *"¿Cómo gestionas y priorizas tu tiempo?"*

7. *"¿Puedes hablarme de una época del pasado en la que fuiste innovador o 'pensaste fuera de la caja'?"*

8. *"¿Cómo lidias con el conflicto?"*

9. *"¿Puedes describir un dilema ético que hayas previamente enfrentado y cómo lo manejaste?"*

10. *"¿Cuál ha sido el mayor fracaso de tu vida?"*

11. *"¿Cómo hiciste tiempo para esta entrevista? ¿Dónde cree tu jefe que estás ahora?"*

12. *"¿Alguna vez has robado material de oficina de una compañía para la que has trabajado?"*

13. *"¿Puedes hablarme de una política de empresa con la que no estás de acuerdo, si has expresado tu desacuerdo con esa política y cómo lo has hecho?"*

14. *"¿Puedes decirme una razón por la que a la gente no le guste trabajar contigo?"*

15. *"¿Qué harías si ganaras 10 millones de dólares en la lotería de esta semana?"*

Y hay una pregunta más que me gustaría discutir brevemente en este capítulo. Pueden hacerte esta pregunta o algo similar: "¿Qué salario crees que te mereces?" Esta es obviamente una pregunta clave tanto para el futuro empleador como para el candidato, ya que, si la cantidad ofrecida por el empleador es demasiado baja o la cantidad ofrecida por el candidato es demasiado alta, puede ser fácilmente un factor de ruptura de contrato. Como candidato a una entrevista, es de esperar que hayas investigado qué salarios están en la categoría de

Encuentra trabajo hoy

trabajo que te interesa. Si no has investigado, encontrarás mucha información disponible sobre salarios en Internet, incluyendo sitios como indeed.com, glassdoor.com, payscale.com y LinkedIn.com. Al revisar los rangos salariales de tu profesión, siempre debes tener en cuenta el costo de vida de la ciudad donde vas a trabajar. Obviamente, el costo de vida en la ciudad de Nueva York o San Francisco será mucho más alto que el de un trabajo similar en Dyersville, Iowa.

Cuando te hagan esta pregunta sobre el salario, te recomiendo que no des un salario específico. Primero debes pedirle al entrevistador que confirme el rango salarial para el trabajo que están ofreciendo. Por ejemplo, si te dicen que el trabajo que están ofreciendo está en el rango salarial anual de $40,000 a $50,000, entonces tendrás por lo menos un punto de partida para tus negociaciones. En la mayoría de los casos, recomendaría que solicites un salario que sea más alto que la mediana, a menos que haya una razón lógica por la que te den menos de la mediana. (Es decir, tienes menos experiencia que los otros candidatos, eres un graduado universitario reciente y los otros candidatos han tenido experiencia previa en la industria, etcétera).

Idealmente, no hablarás de salario en la primera entrevista a menos que el entrevistador esté listo para contratarte en el acto. Si estás solicitando un puesto de venta al por menor en una tienda departamental, probablemente discutirás el salario durante la entrevista inicial. Si estás solicitando un puesto ejecutivo, es más probable que el salario se discuta en una entrevista posterior. En este caso, yo evitaría hablar del salario y del paquete de compensación en la entrevista inicial a menos que el entrevistador aborde el tema primero.

Al leer esta sección del libro, si hay algo que puedes sacar de lo que has leído, espero que ahora entiendas que la clave para responder a las preguntas de la entrevista, comunes o desafiantes, es prepararse y practicar. Aunque es probable que las preguntas que practiques no sean las mismas que recibes en la entrevista real, es importante que practiques los procesos de pensamiento que necesitarás para responder a las preguntas con las que no estás familiarizado. Con la preparación y la práctica, tendrá la seguridad de aumentar tus posibilidades de éxito en la entrevista.

Capítulo 5—Crea Una Gran Primera Impresión

La primera impresión que des al entrar en la entrevista puede ser crucial. Siempre les digo a los clientes que, aunque es poco probable que consigan un trabajo basado en su primera impresión, es más probable que puedan perder un trabajo basado en su primera impresión. Las personas que dan una mala primera impresión pueden perder oportunidades de trabajo incluso antes de tener la oportunidad de explicar cuáles son sus antecedentes, sus talentos y habilidades, y por qué son los adecuados para el trabajo.

Con esto en mente, he proporcionado algunos consejos sencillos sobre las cosas que puedes hacer para asegurarte de que causes una gran primera impresión.

Ocho Cosas Que Debe Hacer Para Causar Una Espectacular Primera Impresión.

1) Viste el Rol. En una sección anterior, expliqué la importancia de vestirse adecuadamente para tu entrevista. Una vez más, lo principal en lo que debes concentrarte es en asegurarte de que te vistes adecuadamente para el trabajo que estás solicitando. Si no estás exactamente seguro de qué ponerte, debes recordar que es mejor vestirse bien para una entrevista que hacerlo de forma más informal.

2) Llegar a Tiempo. Como se mencionó anteriormente, seguramente perderás puntos si llegas tarde a una entrevista. Ya hemos discutido esto anteriormente. Si vas a llegar tarde, tal vez debido a un tráfico inusualmente pesado o a condiciones de manejo inusualmente malas, ciertamente deberías llamar a la persona con la que te estás entrevistando tan pronto como te des cuenta de que vas a llegar tarde. No es una buena idea hacer esperar a alguien; es peor hacer esperar a alguien cuando no sabe que vas a llegar tarde. Por otro lado, no he mencionado antes que debes tratar de no llegar demasiado temprano para una entrevista. No debes llegar más de 30 minutos antes de la entrevista. Si llegas mucho antes de lo esperado, el entrevistador puede sentirse apurado o incómodo al tratar de acomodarte.

3) Sé Amable Con Todos. Cuando estás entrevistando para un trabajo, es importante que "pongas tu cara de juego" tan pronto como entres en el local. Sé amable con todas las personas que conozcas saludándolas con una sonrisa y/o un hola. Esto incluye a las personas que conoces en el estacionamiento, las personas que conoces en el ascensor, las personas que pasas en el pasillo y, por supuesto, la recepcionista. Dos historias rápidas: Una de mis clientas se arreglaba en un ascensor cuando subía al tercer piso para su entrevista. Se miró en su espejo compacto, se aseguró de que sus dientes no contenían partículas de comida, se aseguró de que su cabello se veía bien. Mientras hacía esto, básicamente ignoró a la única persona que subió en el ascensor con ella. Adivinaste, la persona que subió en el ascensor con ella era la persona con la que se iba a entrevistar. Cuando mi cliente descubrió esto, estaba ansiosa por tratar de recordar lo que había hecho frente a la persona con la que había subido al ascensor y se avergonzaba de pensar que no había saludado al menos a la otra persona que iba a su lado en el ascensor. Otro de mis clientes mantuvo una conversación con la recepcionista en el

vestíbulo de la empresa donde se estaba entrevistando. La recepcionista no estaba muy ocupada. Parece que su principal responsabilidad era contestar los teléfonos y éstos no sonaban, así que la recepcionista estaba abierta a una charla. Después de que mi cliente fue contratado, se enteró de que el mejor amigo del entrevistador era la recepcionista y el entrevistador rutinariamente solicitaba a la recepcionista la primera impresión de las personas que se entrevistaban allí. Gracias a su agradable conversación con la recepcionista, mi cliente obtuvo algunos puntos de bonificación incluso antes de que comenzara su entrevista oficial. Así que, en resumidas cuentas, cuando vas a una entrevista, es importante que te metas en la mentalidad de ser amable con todas las personas que conoces. Nunca se sabe cuándo las impresiones que uno hace afectarán sus posibilidades de conseguir un trabajo.

4) Desaparece Tu Teléfono. Es obvio que querrás apagar tu teléfono durante la entrevista misma. Pero te sugiero que lo apartes desde el momento en que entres en el vestíbulo. A continuación, señalaré la importancia de estar comprometido durante una entrevista. No se puede estar comprometido en una entrevista si se pasa tiempo en el teléfono. En los días en que me entrevistaba para un trabajo, siempre encontraba que el tiempo que pasaba en el vestíbulo esperando la entrevista era educativo. Era interesante ver cómo la recepcionista saludaba a otros visitantes y compañeros de trabajo. También era interesante ver cómo los trabajadores de la empresa interactuaban entre sí. En una de mis entrevistas, en los 20 minutos que pasé en el vestíbulo, noté que el lenguaje corporal y las interacciones de las personas que trabajaban en esa empresa eran inusualmente negativas. Como resultado, incluso antes de entrar en la entrevista, me preguntaba si quería trabajar allí. Por supuesto, la persona de recursos humanos estaba fuera del mismo molde negativo y salí del edificio sabiendo que no aceptaría la oferta que recibí. Me

alegré de haber guardado mi teléfono y de saber cuál era el entorno de trabajo.

5)	Estar Involucrado, Estar Interesado. En una entrevista para cualquier trabajo, es importante que muestres tu interés o entusiasmo. Siempre les digo a los clientes que se aseguren de estar involucrados desde el momento en que entran por la puerta de la oficina o la puerta del edificio en el que están siendo entrevistados. Presta atención a las cosas que están visibles en el vestíbulo y en la oficina de la persona con la que te estás entrevistando. Una entrevista promedio puede durar 45 minutos. Esos 45 minutos podrían ser un factor importante para determinar tu futuro. Teniendo esto en cuenta, cualquier entrevista que tengas merece toda tu atención y tu entusiasmo.

6)	Ten Seguridad. Es importante que te muestres confiado al entrar en una entrevista. Presta atención a tu lenguaje corporal, tu postura y tu comportamiento. Cuando conozcas a alguien, asegúrate de presentarte, dar un firme apretón de manos y hacer contacto visual. He notado antes que siempre que he sido el entrevistador, he anulado a los solicitantes que tienen un débil apretón de manos o que no me miran a los ojos cuando se les presenta.

7)	Asegúrate De Saber Con Quién Estás Hablando. Esto parece tan obvio, pero he tenido clientes que han cometido el grave error de llamar a su entrevistador por el nombre equivocado durante la entrevista. Tuve un cliente que se dirigió a Janel como Jolene durante la entrevista y estoy seguro de que perdió algunos puntos importantes por hacerlo. Asegúrate de tener el nombre del entrevistador en la entrevista. Es deseable utilizar el nombre del entrevistador o entrevistadoras durante la entrevista, pero debes asegurarte de que estás utilizando el nombre correcto.

8) Encuentra un terreno común, haz una conexión. En cualquier entrevista, es importante que establezcas una conexión o que encuentres puntos en común con las personas con las que te estás entrevistando. Una vez más, es probable que compitas con otros candidatos para conseguir el trabajo, y querrás separarte de esos otros candidatos posiblemente haciendo una conexión con la persona que te estaba entrevistando. Desde el momento en que entras en el edificio, o en la sala de conferencias o en la oficina donde se realiza la entrevista, debes observar los alrededores para ver si puedes encontrar algo que te ayude a establecer una conexión con el entrevistador. ¿Hay boletines de la empresa en el vestíbulo para que los invitados los lean, una vitrina de trofeos de la empresa o un cuadro de la historia? ¿Qué pertenencias personales ves en la oficina de tu entrevistador? Fotos de la familia, trofeos de softball o de bolos, diploma universitario, etcétera. ¿Puedes usar cualquiera de estas cosas para encontrar un terreno común? Hace muchos años, estaba tratando de conseguir el negocio de un hombre que más tarde se convertiría en un gran cliente de mi empresa. Al conocerlo por primera vez en su oficina, noté que tenía un trofeo de béisbol en uno de los estantes de su oficina y también tenía una versión enmarcada de un banderín de béisbol de los Minnesota Twins y boletos de la Serie Mundial colgados en su pared. Supuse inmediatamente que este hombre era un fanático del béisbol y, como ávido fanático del béisbol, yo mismo empecé nuestra conversación preguntándole si era un fanático del béisbol. Por supuesto que lo era, y encontramos un terreno común inmediatamente. Hasta este día, juro que una de las razones por las que pude asegurar su negocio fue porque teníamos un

amor común por el béisbol. Por supuesto, nada de esto habría importado si mi compañía no hubiera sido un buen ajuste para su negocio, pero nuestro amor mutuo del béisbol permitió que me separara de otros candidatos inmediatamente. He tenido clientes que han podido hacer la misma cosa con mutuas alma maters, comparando niños ("¿Éstos son tus hijos? Tengo tres hijos..."), etcétera. Si puedes encontrar un terreno común o hacer una conexión con tu entrevistador, es probable que aumentes tus posibilidades de conseguir el trabajo.

Cómo Destacar Instantáneamente Entre Los Demás Candidatos.

Como he señalado antes, las entrevistas de trabajo son una especie de competencia. Hay múltiples candidatos para casi todas las ofertas de empleo y si vas a conseguir el trabajo probablemente tendrás que destacarte de tu competencia. Si no lo haces, es probable que te olviden rápidamente.

Cuando mis clientes me preguntan cómo pueden destacarse en una entrevista, tengo una serie de sugerencias sobre cómo hacerlo:

Ya he señalado anteriormente lo importante que es para ti hacer tus deberes de camino a una entrevista. Una de las formas más seguras de destacar en una entrevista es saber más sobre la empresa que cualquier otra persona. La mayoría de las entrevistas ofrecen muchas oportunidades para demostrar que han hecho su investigación y para mostrar cuánto saben sobre la compañía. Obviamente, las preguntas que haces durante una entrevista también pueden mostrar que has investigado la empresa a fondo. Si no le muestra al entrevistador que sabe algo sobre la compañía con la que se está entrevistando, es probable que piensen que no estás muy interesado en el trabajo.

Otra forma de destacar en una entrevista es simplemente ser uno mismo. Yo animo a los clientes a ser ellos mismos durante una entrevista, aunque sólo sea porque muchas personas no somos buenas para pretender ser alguien que no somos. No somos actores y si estás intentando ser otra persona durante la entrevista, la mayoría de los entrevistadores serán capaces de detectarlo. Otra razón por la que animo a los clientes a ser ellos mismos es porque si realmente consiguen el trabajo, el empleador probablemente va a descubrir rápidamente quién es realmente el empleado de todos modos. Por tanto, por extraño que parezca, se puede destacar en una entrevista siendo uno mismo.

Y aquí hay una forma importante de que te destaques. Trata tus entrevistas como si fueran conversaciones. Las entrevistas son una calle de doble sentido. No vas a causar una buena impresión si tratas la entrevista como un examen universitario o un interrogatorio policial, en el que el entrevistador hace todas las preguntas y tú proporcionas obedientemente todas las respuestas. Es importante que intentes convertir la entrevista en una conversación. Puedes hacerlo haciendo preguntas relacionadas a lo largo del proceso de la entrevista. De nuevo, como he mencionado muchas veces antes, si vas a convertir la entrevista en una conversación en vez de un interrogatorio, vas a tener que estar totalmente involucrado en lo que se diga durante la misma. Escucha atentamente y luego haz preguntas o añade comentarios según lo consideres oportuno. Una buena manera de hacerlo es terminar tu respuesta con una pregunta relacionada. Por ejemplo, si te preguntan por qué crees que encajas bien en el trabajo para el que te estás entrevistando, podrías decir: "Por todo lo que he leído o escuchado, es una compañía que se preocupa profundamente por sus clientes. Yo soy igual. Me da mucha satisfacción saber que mis clientes valoran los productos y servicios que vendo. Esta compañía parece hacer un mejor trabajo en eso que sus competidores. ¿Estoy en lo cierto al pensar eso y puede usted compartir por qué cree que es así?" Observe que el entrevistado ha respondido a la pregunta y luego la ha seguido con una pregunta propia relacionada, una pregunta que no es una pregunta de sí o no, una que esperamos ayude a convertir la entrevista en una conversación más que un interrogatorio o un examen.

Otra forma de destacar en una entrevista será proporcionar un resumen adicional de una hoja, además de tu currículum y tu carta de presentación, explicando por qué eres un buen candidato para el trabajo específico que estás solicitando. He tenido algunos clientes que presentan este resumen durante la entrevista y otros clientes que envían este resumen después de la entrevista. Algunos de mis clientes confían en esta técnica, sin importar si se presenta durante o después de la entrevista. También he tenido clientes que han presentado planes de 30, 60 o 90 días sobre lo que esperan lograr en sus primeros días de trabajo en la empresa. Estos planes casi siempre se presentan en los días inmediatamente posteriores a la entrevista (obviamente antes de que la empresa haya tomado una decisión de contratación). Al hacer algo adicional al currículum vitae estándar y a la carta de presentación, podrás reiterar tu sincero interés en el trabajo.

Si el entrevistador te pide ejemplos de cómo has tenido éxito en tus trabajos anteriores, te recordaré de nuevo que utilices números siempre que sea posible para documentar tu éxito, por ejemplo: "Fui responsable de aumentar las ventas en la Región Nordeste en un 135% en los dos primeros años que tuve esa región". U otro ejemplo: "Como director de desarrollo de franquicias, pasamos de 45 imprentas franquiciadas a 87 imprentas franquiciadas en un año. El objetivo de la empresa cuando llegué allí era abrir 20 locales al año y mi equipo y yo pudimos superarlo en 22 locales". El resultado final es que los números funcionan para ilustrar el éxito y los logros. Con los números, se puede convertir una declaración intangible en una tangible.

Y, finalmente, otra forma de destacar después de una entrevista es enviar una nota manuscrita de agradecimiento/encantado por la reunión. Sí, he dicho escrito a mano, no a máquina. Lo escrito a mano es mucho más personal que una nota mecanografiada. Si la empresa está muy cerca de ti, puedes incluso entregarla en mano. Si no, puedes enviarla a través de la Oficina Postal de los Estados Unidos o de un servicio de entrega, pero envíala inmediatamente, dentro de las 24 horas. Y, obviamente, asegúrate de que la ortografía, la gramática y la puntuación sean correctas.

Lenguaje Corporal Convincente Que Te Pone Por Delante Del Juego.

Así que crees que has hecho todo lo posible para causar una gran primera impresión. Estás impecablemente vestido, puliste tus zapatos, te cortaste el pelo y te hiciste la manicura de las uñas. Sin embargo, si no prestas atención a las señales que envía tu cuerpo, éste puede trabajar en tu contra y perjudicar la imagen que intentas transmitir con tu apariencia.

El lenguaje corporal es importante. Todos conocemos a personas que pueden cautivar una habitación cuando entran en ella. En cuestión de segundos, las personas formarán percepciones sobre una persona basadas en su lenguaje corporal. Así que todo el tiempo y dinero que gastaste en el nuevo traje, el corte de pelo e incluso la nueva cartera de cuero pueden volar en pedazos en un momento.

Uno de los elementos clave del lenguaje corporal es la postura adecuada. Si quieres mostrar un aire de confianza, es importante que "camines erguido". Párate derecho, con la barbilla hacia arriba y los ojos hacia arriba. Ciertamente, nada de aflojar o encorvarse. Nada peor que escabullirse en una habitación.

Ya he mencionado la importancia de un firme apretón de manos cuando te presentas a alguien. Sí, es un arte hacer algo tan simple como un apretón de manos. Cuando te presenten a tu entrevistador, deja de lado el apretón de manos de pescado y reemplázalo por el apretón de manos de "chico grande". Hombre o mujer, debes ofrecer un firme y genuino apretón de manos. Dicho esto, no des un apretón de manos tan fuerte que vayas a aplastar la mano de la otra persona. Siempre de pie, y nunca sentado, cuando estés dando la mano. No tires a la otra persona hacia ti con tu apretón de manos... No es un combate de lucha de brazos. Y evita las manos sudorosas. Y ten en cuenta que hay algunas personas que no quieren dar la mano. La mayoría de nosotros conocemos a algunas personas que son germofóbicas y que tratan de evitar el contacto físico siempre que sea posible. Si te encuentras con un entrevistador que es germofóbico, no lo tomes como algo personal.

Al mismo tiempo que le das la mano a alguien, necesitas hacer contacto visual con él. Y continuar haciéndolo tanto como sea posible durante la entrevista. Al hacer contacto visual con alguien, irradiarás una sensación de confianza, autenticidad y sinceridad. Recuerda que uno de tus objetivos para la entrevista será crear un vínculo o una conexión con tu entrevistador. El contacto visual puede ayudarte a lograrlo. Si estás mirando al suelo o a la pared cuando le das la mano a tu entrevistador, es posible que le des la idea de que estás inseguro.

Además de tu postura y tus ojos, presta atención a lo que haces con tus brazos y piernas a lo largo de la entrevista. No cruces las piernas cuando estés de pie o sentado. No coloque las manos en las caderas cuando estés de pie. No te inclines hacia un lado. No cruces los brazos sobre el pecho en ningún momento. Los expertos en lenguaje corporal te dirán que esa es una posición defensiva que no juega bien con la persona con la que te reúnes.

Y presta atención a lo que haces con tus manos durante la entrevista. Si eres una persona que hace muchos gestos con las manos, no señales nada, ya que eso puede parecer una amenaza. Los gestos con la palma de la mano abierta o con las manos abiertas se consideran aceptables. Si estás un poco inquieto, intenta no darte golpecitos en los dedos de las manos o de los pies durante la entrevista.

Y no juegues con tu cabello, ni hagas clic repetidamente en tu bolígrafo o sacudas las monedas de tus bolsillos, etcétera. Es probable que algunas de esas rarezas o malos hábitos causen una mala impresión a las personas que conozcas en tu entrevista.

Y finalmente, sonríe cuando sea apropiado. Y no tengas miedo de mostrar esos blancos nacarados, a menos que tengas malos dientes. Puedo hablar por experiencia personal en cuanto a las expresiones faciales. La gente me ha dicho antes que tengo una cara muy seria. Como esa mirada tiende a hacerme parecer malhumorado o inaccesible, cada vez que conozco a alguien en persona ahora, me aseguro de hacer un esfuerzo extra para ofrecer una gran sonrisa que me haga más acogedor y más accesible.

Por lo tanto, al repasar este capítulo, permite que vuelva a hacer hincapié en la importancia de causar una buena primera impresión en una entrevista. Aunque es probable que no puedas conseguir el trabajo con una buena primera impresión, podrías perder la oportunidad de conseguir un trabajo con una mala primera impresión. Por eso no debes ignorar la impresión visual que estás causando con la entrevista. Si prestas atención a algunos detalles menores, estarás seguro de que no has perdido el trabajo antes de que empiece la entrevista.

Capítulo 6—Supera La Entrevista Con Éxito

Al entrevistarte para un trabajo, tendrás una ventaja para conseguir el trabajo de tus sueños si entiendes lo que los entrevistadores quieren oír. De la misma manera, te beneficiarás al saber algunas cosas que nunca debes decir en una entrevista. Y luego, también querrás comunicarle al entrevistador que tienes las habilidades sociales que asegurarán tu posición como empleado valioso y te colocarán por encima de los otros candidatos para el mismo trabajo. (Para aquellos de ustedes que no estén familiarizados con las habilidades sociales, les explicaré esto con más detalle más adelante en este capítulo).

11 Cosas Que Tu Futuro Empleador Quiere Escuchar.

Cuando te entrevisten para un trabajo, es probable que te hagan muchas preguntas. Algunos candidatos cometen el error de no entender por qué el entrevistador hace las preguntas que le hacen. Si tienes una idea de por qué el entrevistador está haciendo las preguntas que está haciendo, te resultará mucho más fácil determinar las cosas que quieren escuchar de ti. Aquí hay algunas cosas que a los entrevistadores les encanta escuchar de los candidatos, sin ningún orden en particular.

1) *"Estoy auto-motivado. Si me das un proyecto, puedo tomarlo desde el principio hasta el final... Y puedo terminarlo a tiempo. No tendrás que microgestionarme. Puedo trabajar con una*

mínima supervisión".

2)   *"Tomo bien la orientación. No tendrás que decirme lo mismo varias veces. Si me dices lo que tengo que hacer una vez, no tendrás que decírmelo otra vez".*

3)   *"Soy un buen comunicador. Te mantendré a ti y a mis compañeros de trabajo informados sobre cualquier proyecto en el que esté trabajando".*

4)   *"Trabajo y juego bien con los demás. Soy un jugador de equipo, no un lobo solitario".*

5)   *"Puedo guiar o seguir. Hago ambas cosas bien".*

6)   *"Soy enseñable. Me apresuro a admitir que no lo sé todo y que estoy dispuesto y ansioso por aprender de los demás".*

7)   *"Tengo las habilidades para hacer el trabajo". (Reitera tus habilidades aquí).*

8) *"Soy un buen candidato para este trabajo y soy un buen candidato para esta compañía". (Detalla por qué encajas bien aquí).*

9) *"Soy leal. Seré leal a mi supervisor y leal a la compañía".*

10) *"Mis metas y objetivos coinciden con la misión y el propósito de esta empresa".*

11) *"Quiero decir de nuevo que me encantaría tener la oportunidad de trabajar aquí".* (Suponiendo que todavía está entusiasmado con el trabajo cuando la entrevista se acerca a su fin, debes reiterar tu interés y entusiasmo hacia el trabajo antes de salir de la entrevista. Si quieres el trabajo, debes asegurarte de que sepan que quieres el trabajo).

Ocho Cosas Que No Querrás Decir En Una Entrevista De Trabajo.

Así como hay algunas cosas que definitivamente debes tratar de mencionar en tu entrevista, hay cosas que no debes decir en una. He enumerado a continuación algunos errores comunes que la gente comete en las entrevistas. Espero que estos errores te den una idea de lo que no debes decir durante una entrevista.

Encuentra trabajo hoy

1) *"Entonces, ¿qué hacen aquí?"* Alguien no ha hecho sus deberes.

2) *"Sé que no tengo mucha experiencia, pero..."* No es necesario señalar tus defectos y mostrar una falta de confianza al mismo tiempo. Si el entrevistador tiene tu currículum o solicitud, ya sabrá que te falta experiencia.

3) *"No me llevaba bien con mi jefe"* o *"No me gustaba la última empresa para la que trabajé"*. Destruir a los empleadores anteriores no va a ser de ayuda.

4) *"¿Cuánto tiempo de vacaciones tengo?"* Esto se discute mejor en una entrevista posterior cuando se discute el salario o el paquete de compensación.

5) *"Me gustaría empezar mi propio negocio lo antes posible"*. ¿Por qué alguien debería contratarte cuando estás buscando salir lo antes posible?

6) *"Haré lo que quieras que haga"*. Suena demasiado desesperado.

7) *"¿Qué tan pronto promueves a los empleados?"* Una vez más, esto parece desesperado y probablemente hará que el

entrevistador piense que no puedes esperar a pasar del puesto para el que están contratando.

8) *"No, no tengo ninguna pregunta"*. Ya he discutido esto anteriormente. Si el entrevistador te pregunta si tienes alguna pregunta, no dejes pasar la oportunidad de hacer preguntas relevantes. No sólo puedes usar las preguntas para obtener cualquier información adicional que estés buscando, sino que también podrás transmitir tu interés en el puesto al entrevistador.

10 Habilidades Blandas Y Cómo Demostrarlas.

Cuando hablamos de la demostración de las habilidades blandas, me doy cuenta de que algunos de ustedes no saben lo que son (también mencionadas como "habilidades sociales"). Con esto en mente, permítanme primero decirles lo que son las habilidades blandas. Las habilidades blandas son atributos personales, rasgos de personalidad, señales sociales o habilidades de comunicación. Las habilidades blandas son generalmente cualidades mucho menos tangibles que las habilidades duras. Las habilidades duras son habilidades laborales específicas o certificaciones. Ejemplos de habilidades duras son los diplomas de la escuela secundaria, títulos universitarios o de escuelas de comercio, licencias o certificaciones profesionales, finalización de programas de capacitación, capacitación en el trabajo, experiencia laboral, etcétera. Las destrezas difíciles son destrezas laborales específicas y tangibles o prueba de destrezas laborales. Las destrezas blandas son cualidades menos tangibles que normalmente no se califican con títulos, certificados o licencias.

Cuando una compañía está evaluando tu currículum, generalmente se fijarán primero en las habilidades difíciles que has enumerado en tu él. Quieren asegurarse de que tus habilidades duras cumplen con sus requisitos y también es probable que quieran comparar tus habilidades duras con las de los otros candidatos. Por ejemplo, si están buscando un gerente de contabilidad, generalmente estarán buscando a alguien que tenga un título de contabilidad y posiblemente a alguien que haya aprobado el examen de la Junta de Contadores Públicos. Esas son habilidades tangibles y difíciles. Si no tienes esas habilidades duras, es probable que seas eliminado de la competencia.

Después de que estos posibles empleadores hayan determinado tus habilidades duras, pasarán a tus habilidades blandas. Si has "aprobado" los requisitos de habilidades duras, es probable que el hecho de que obtengas o no el trabajo esté determinado por tus habilidades blandas. A continuación, he enumerado algunas de las habilidades blandas más comunes que buscan los empleadores. Como sabes, la mayoría de los currículos y cartas de presentación tienen un espacio limitado. Aunque te animo a que incorpores tus habilidades blandas en tu currículum y cartas de presentación, soy consciente de que rara vez hay suficiente espacio para que enumeres todas tus habilidades blandas. Por lo tanto, es muy importante que menciones que tienes estas habilidades en tu entrevista. Al enumerar las habilidades blandas en tu currículum, te sugiero que las etiquetes como "habilidades transferibles", ya que son cualidades que generalmente se pueden transferir a casi cualquier trabajo que estés solicitando.

En su mayor parte, las habilidades blandas se adquieren durante un período de tiempo en lugar de en clases o sesiones de capacitación. Mientras que alguien puede obtener una especialización en periodismo tomando clases de periodismo en la universidad, por lo general la gente no adquiere habilidades blandas como las de comunicación, las creativas o las de resolución de problemas tomando clases. Estas destrezas blandas se adquieren normalmente por medio del "aprendizaje a través de la experiencia", o la "a los golpes" como dirían algunos.

Las habilidades blandas son a menudo consideradas invaluables por los empleadores, ya que son habilidades transferibles que pueden ser utilizadas en casi cualquier trabajo. Los trabajos de servicio al cliente o los trabajos en los que los empleados entran en contacto directo con los clientes son particularmente propicios para las habilidades blandas.

Al determinar las habilidades blandas que deseas promover, deberías leer la publicación para esa posición y anotar cualquier habilidad blanda que se mencione en esa publicación. Estas son habilidades que debes asegurarte de incluir en tu currículum, en tu carta de presentación y en tu entrevista, suponiendo que tienes las habilidades que se describen.

Por ejemplo, si el anuncio de empleo menciona que la empresa está buscando a alguien para formar parte de su equipo o las palabras clave del anuncio incluyen palabras como "equipo", "trabajo en equipo" o "trabaja con otros", entonces sabrás que la empresa está buscando a alguien que tiene esta habilidad. Casi todos los anuncios de trabajo mencionan al menos un par de habilidades blandas que el empleador está buscando.

Aquí hay algunas habilidades comunes que las compañías buscan en las personas que contratan:

1) Motivado o auto-motivado.

2) Trabajador duro o una fuerte ética de trabajo.

3) Adaptabilidad.

4) Jugador de equipo, capaz de trabajar bien con los demás.

5) Comunicador.

6) Pensador creativo, pensar fuera de la caja, pensamiento crítico.

7) Toma de decisiones.

8) Capaz de resolver conflictos o problemas.

9) Gestión del tiempo, capacidad de priorizar.

10) Positividad, entusiasmo.

Nuevamente, antes de tu entrevista, deberías revisar las habilidades blandas que se mencionan en el anuncio de empleo y hacer un inventario de tus propias habilidades blandas para ver cuáles corresponden a las que el posible empleador está buscando. Luego, debes desarrollar un plan sobre cómo puedes hacer saber al entrevistador que tienes estas habilidades. Por ejemplo, si en el anuncio se menciona que el empleador está buscando un trabajador duro y que tú eres realmente un trabajador duro, tendrás que averiguar cómo agregar esto a tu entrevista. No importará si dejas esta información en la entrevista directa o indirectamente, pero definitivamente necesitas dejarle saber al entrevistador que eres un gran trabajador.

Si puedes proporcionar ejemplos específicos para mostrar que eres un trabajador duro, eso es aún mejor. Por ejemplo, un cliente mío estaba haciendo una entrevista para un trabajo de relaciones públicas en el que la responsabilidad principal incluía la planificación de eventos. En el anuncio de este trabajo se mencionaba que la empresa estaba buscando contratar a alguien que estuviera dispuesto a trabajar duro si fuera necesario para completar un proyecto. Por tanto, durante su entrevista, mi cliente mencionó que ella era una trabajadora dedicada y que estaba dispuesta a trabajar las horas que fueran necesarias para cumplir con las metas del departamento o para completar los proyectos a tiempo. Ella dio el ejemplo específico de cómo había coordinado una carrera de botes de cartón de leche en uno de sus trabajos anteriores. (Sí, botes hechos de cartones de leche.) Su compañía había sido el único patrocinador de este evento y su supervisor y el equipo de administración habían subestimado la cantidad de tiempo que tomaría para organizarlo. Como resultado, mi cliente y sus dos miembros del equipo tuvieron que trabajar 12 horas diarias, 7 días a la semana en las dos semanas previas al evento para asegurarse de que éste se desarrollara según lo planeado. Como resultado del trabajo de ella y de los miembros de su equipo, el evento se desarrolló sin problemas y ella recibió muchos agradecimientos de los ejecutivos de la compañía que reconocieron su duro trabajo y un agradecimiento especial del supervisor que había subestimado la cantidad de tiempo que se necesitaría para planear el evento.

Como puedes ver, mi clienta no sólo mencionó que era una trabajadora dedicada, sino que también contó una historia que demostraba que lo era, dispuesta a hacer lo que fuera necesario para que el evento fuera un éxito.

Te daré otro ejemplo. Otra compañía que buscaba un representante de servicio al cliente mencionó que buscaban candidatos que resolvieran problemas. Uno de mis clientes estaba solicitando este trabajo en una compañía de productos promocionales, una compañía que provee artículos impresos a medida como camisetas, bolígrafos, bolsas de mano, etcétera, para clientes corporativos. Mi cliente tenía experiencia previa con una empresa de productos promocionales y contó esta historia cuando se le pidió que describiera una situación problemática en un trabajo anterior y cómo la manejó. Un cliente había pedido repuestos de calendarios diarios cada año durante muchos años. Un año, el cliente se retrasó en hacer su pedido y para cuando mi cliente fue a pedir estos repuestos de calendario para su cliente, la fábrica se había agotado y no iban a recibir más de estos repuestos, ya que estaban hechos en Malasia y el tiempo de entrega para recibir los repuestos adicionales iba a ser hasta bien entrado marzo o abril del año siguiente. En lugar de dejar este problema en manos de su cliente, mi cliente trabajó inmediatamente para encontrar otra fábrica que tuviera repuestos similares, pero no idénticos, que funcionaran. Tuvo que hacer unas tres horas de investigación y hacer una docena de llamadas telefónicas para encontrar una solución al problema, pero lo hizo. Luego se puso en contacto con su cliente para hacerle saber el problema inicial y, al mismo tiempo, explicarle que había encontrado una solución. Inmediatamente se ofreció a enviar al cliente una foto de los blocs de recambio de calendarios alternativos y el cliente los encontró aceptables. Todo esto para un cliente que estaba haciendo un pequeño pedido de unos $150.

Esta historia ciertamente mostró la capacidad de mi cliente para atacar un problema y resolverlo, a pesar del pequeño tamaño del pedido. Demuestra que fue capaz de ir "más allá" para resolver un problema en nombre de su cliente.

Si puedes encontrar una manera de comunicar efectivamente tus habilidades blandas a tu entrevistador, te darás una oportunidad mucho mejor de conseguir el trabajo.

Capítulo 7—Detalles Finales

Con este capítulo, voy a decirte cómo dar los últimos toques a lo que esperamos sea una entrevista exitosa. Te daré algunas preguntas que puedes hacerle al entrevistador, te diré cómo abordar la discusión sobre el salario y el paquete de compensación, y te diré qué hacer cuando y si una pregunta te toma desprevenido. Y también discutiremos si y cuándo está bien mentir o maquillar durante una entrevista.

11 Grandes Preguntas Para Hacer Al Gerente De Contrataciones.

Como ya hemos mencionado antes, cuanto más puedas convertir tu entrevista en una conversación en lugar de un interrogatorio o un examen, más éxito tendrás. Recuerda, las entrevistas son calles de doble sentido. El entrevistador no debe ser la única persona que recopile información. También debes hacer las preguntas que necesitas saber sobre el trabajo que estás solicitando.

Hacia el final de casi todas las entrevistas, es probable que el entrevistador o el gerente de contratación te pregunte si tienes alguna pregunta. Como hemos discutido antes, la peor manera posible de responder a esta pregunta es decir que no tienes ninguna pregunta. Si lo haces, es probable que el entrevistador piense que no estás preparado o que estás desinteresado.

Debes ver esta pregunta del entrevistador como una oportunidad para reunir cualquier información adicional que estés buscando y también para enfatizar nuevamente las cualidades, habilidades, experiencia y la razón por la cual eres un buen candidato para el trabajo.

Una vez más, sugiero seriamente que prepares algunas preguntas por adelantado, al menos media docena. Y luego, cuando la entrevista termine y te pregunten si tienes alguna pregunta, debes seleccionar dos o tres preguntas para hacerle al entrevistador. Como es probable que el entrevistador responda algunas de las preguntas que tenías antes de la entrevista, asegúrate de no hacer preguntas que pidan información sobre temas que ya han sido cubiertos. Si lo haces, el entrevistador sabrá con certeza que no prestaste atención a lo que él o ella dijo durante la entrevista. Por otro lado, a medida que tú y el entrevistador hablen durante la entrevista, es probable que se te ocurran algunas preguntas adicionales que son más pertinentes que las preguntas que tenías originalmente la intención de hacer.

A continuación, encontrarás algunos de los tipos de preguntas que puedes hacer al entrevistador durante esta parte de la conversación. Algunas cosas rápidas antes de entrar en estas preguntas de muestra: Cuando le hagas preguntas al entrevistador, trata de no hacerle preguntas que tengan respuestas de sí o no. Hazles preguntas que puedan explicar. Y, por otro lado, no hagas preguntas que los van a desconcertar o de las que no van a saber las respuestas. Por ejemplo, si te estás entrevistando con la persona de recursos humanos para un puesto publicitario, no deberías hacerle preguntas técnicas sobre métodos o filosofías publicitarias. Esas preguntas se le harán mejor al director de publicidad con el que probablemente te encontrarás en una entrevista posterior. Y, por último, aunque trataré esto con más detalle más tarde, la primera pregunta que salga de tu boca no debería ser "¿Cuál es el salario?". En mis experiencias anteriores como entrevistador, un candidato me hizo esta pregunta a menos de dos minutos de la entrevista. Inmediatamente lo descarté como candidato y corté lo que se suponía que era una entrevista de 45 minutos a una de 20 minutos. También tuve otro candidato que me preguntó, poco después de que se sentara, "Entonces, ¿qué hacen todos ustedes aquí?" Inmediatamente supe que no había hecho ninguna investigación, aparte de quizás cómo conducir a la entrevista, y lo descarté inmediatamente.

Aquí hay algunas preguntas que podrías hacer en tu entrevista cuando tengas la oportunidad de hacerlo:

1) *"¿Puedes contarme un poco sobre la cultura de la compañía o cómo es trabajar aquí?"* Esto es algo que definitivamente querrás averiguar antes de aceptar el puesto.

2) *"¿Cuáles son los siguientes pasos en el proceso de entrevista?". "¿Cuándo desea tener a alguien a bordo para este puesto?"* Y si te vas a reunir con una persona de recursos humanos o con un gerente de contratación, definitivamente debes averiguar a quién te vas a reportar y si podrás conocer a esa persona durante el proceso de entrevista.

3) *"¿Ofrecerá este trabajo una eventual oportunidad de ascenso?" "¿Puede decirme si alguna de las personas que anteriormente ocupaba este puesto avanzó en la empresa o en su carrera?"*

4) *"¿Es este un nuevo puesto o está buscando llenar un puesto que alguien ya ha ocupado anteriormente? Y, si no te importa que*

pregunte, ¿qué hizo la persona que previamente llenó esta posición?" O, simplemente puedes preguntar, *"¿Por qué está este trabajo abierto o disponible?"*

5) *"¿Este trabajo requiere muchos viajes?" "¿Hay alguna posibilidad de que me reubiquen en esta posición?"*

6) *"¿Cuáles son los planes de crecimiento y desarrollo de la empresa?" "¿Cuáles son los planes del departamento?"*

7) *"¿Cuál es la mejor parte de trabajar para esta compañía?" " ¿Qué es lo más desafiante?"* De nuevo, otra pregunta que puede ayudarte a obtener una visión adicional sobre la cultura de la empresa.

8) *"¿Hay algo que pueda aclararle en cuanto a mis aptitudes?"* Esta pregunta puede ayudarte a identificar si el entrevistador tiene alguna inquietud y, en caso afirmativo, podrás abordar esas inquietudes.

9) En el improbable caso de que el entrevistador no haya explicado las responsabilidades del trabajo, debes preguntar. En el mismo sentido, podrías preguntar: *"¿Puedes darme una idea de cómo podría ser un día típico en este puesto?"*

10) *"¿Cómo es una semana de trabajo promedio? ¿La mayoría de los empleados hacen muchas horas extras?"*

11) Y por último, *"¿Qué sigue?"* o *"¿Cuándo espero saber de usted?"*, *"¿Cuándo quiere que me ponga en contacto con usted?"* o *"¿Está bien si hago un seguimiento en un par de días?"* No te vayas de la entrevista sin saber cuál es el siguiente paso. Si te vas sin obtener esta información, tendrás que dedicar mucho tiempo a adivinar si sigues o no optando al trabajo.

Una Guía Esencial Para Las Negociaciones Salariales.

Dependiendo del trabajo que solicites, puedes tener la oportunidad de negociar el salario. Por supuesto, hay algunos trabajos en los que el nivel salarial ya está fijado. El hijo de mi vecino se entrevistó recientemente para un trabajo como vendedor de temporada en una cadena de tiendas. Es obvio que un puesto en un entorno corporativo estructurado como éste va a tener estructuras salariales predeterminadas y no va a poder negociar su salario como empleado de nivel inicial. Estos son empleos que son lo que yo llamo empleos de entrevista única, en los que sólo se requiere una entrevista antes de que un candidato reciba una oferta o sea eliminado de la competencia.

Por otro lado, la mayoría de las situaciones de entrevistas múltiples permiten algunas negociaciones salariales. Ahora bien, si bien todos podemos afirmar que el dinero nunca debe ser el factor principal para aceptar un empleo, también hay que recordar que la cantidad que se te paga puede tener un efecto en la forma en que percibes el trabajo. Si no estás contento con el salario que recibes o sientes que tu salario no refleja adecuadamente los talentos y habilidades que aportas a la empresa, puedes encontrar que tu salario (o la falta del mismo) te desanima, resiente o incluso enfada. Si estás decepcionado con el salario que ganas, puede que incluso descubras que tu decepción te lleva a un mal rendimiento.

En mi vida laboral anterior, trabajé para una compañía que era notoria por pagar mal a sus empleados. Era un gran lugar para trabajar... Excepto por los salarios que pagaban a sus empleados. Como resultado de esta reputación, los empleados que trabajaban para esta compañía eran el blanco frecuente de cazatalentos o reclutadores corporativos que buscaban colocar a las personas en diferentes puestos de trabajo. En ese momento, yo era un joven ejecutivo en ascenso dentro de la empresa y ocupaba un puesto que conllevaba mucha responsabilidad. Yo era muy trabajador y muy bueno en lo que hacía; incluso mis supervisores lo decían. En este puesto, recibía frecuentemente llamadas de cazatalentos que me ofrecían entrevistas para puestos similares que pagaban salarios mucho más altos. A los 26 años, no quería dejar una empresa en la que me gustaba trabajar, pero era plenamente consciente de que un salario más alto podría ayudarme a salir de la posición de vivir de cheque en cheque. Esperaba poder pagar mis préstamos universitarios y luego comprar una casa modesta. Algunas de las oportunidades de entrevista que los cazatalentos describieron incluían salarios que eran más del doble de lo que yo ganaba y, generalmente, esos trabajos conllevaban mucha menos responsabilidad que el trabajo que yo tenía. Por lo tanto, era desalentador saber que no me pagaban justamente. Me resistí a las solicitudes semanales de entrevistas durante bastante tiempo, pero eventualmente mi nivel salarial empañó mi percepción del trabajo que tenía. Finalmente empecé a aceptar algunas de las invitaciones a las entrevistas y terminé aceptando un trabajo que ofrecía casi el triple de lo que había estado ganando.

La moraleja de la historia es que, independientemente de lo

insignificante que pueda parecer el salario, todavía tendrás cuentas que pagar y querrás asegurarte de que se te paga justamente. Si no te pagan justamente, probablemente encontrarás que tu falta de salario probablemente impactará en tu actitud y posiblemente afectará tu desempeño.

Con suerte, tendrás una idea al entrar en la entrevista de cuáles son las "tarifas del mercado" para el trabajo que te interesa. Si no estás seguro, puedes usar varios sitios de Internet para obtener información sobre el salario. Sitios como indeed.com, glassdoor.com y LinkedIn ofrecen información salarial de la industria que puedes utilizar como guía.

Es importante señalar que el salario se discute generalmente cerca del final de una situación de entrevista. En el caso de una entrevista múltiple, podrías tener primero una entrevista telefónica y/o una entrevista de vídeo antes de entrevistarte con alguien cara a cara. En estos casos, encontrarás que el salario raramente se discute en las entrevistas iniciales. Dicho esto, nunca debes esperar hasta el final de una entrevista para discutir el salario o el paquete de compensación. El salario no debe ser una idea tardía y, si esperas demasiado tiempo para hablar del salario, perderás parte de la influencia que podrías tener la negociación.

Normalmente el entrevistador será el primero en abordar el tema, pero si no lo hace y parece que es el momento de hablar del salario, puedes comenzar la discusión preguntando algo como: "¿Sería ahora un buen momento para hablar del salario?"

Lo ideal sería que el entrevistador te diera un rango salarial antes de que tengas que dar demasiada información sobre tus requisitos salariales. Es probable que algunos entrevistadores te pregunten cuál es tu salario en tu puesto actual. Si te hacen esta pregunta, te animo a que tengas cuidado de no dar demasiada información. Si sueltas tu salario actual, es casi seguro que estarás restringiendo el salario que te ofrecerán en el nuevo trabajo. Por ejemplo, si ganas un salario anual de $40,000 y se lo dices al entrevistador, es probable que no recibas un salario que exceda tu salario actual en más de un 10%. Las investigaciones demuestran que muchos empleadores son reacios a aumentar los salarios de los nuevos empleados de manera sustancial si conocen el nivel salarial actual del nuevo empleado y creen que un aumento de alrededor del 10% es suficiente para conseguir que alguien deje otro trabajo.

Por lo tanto, lo ideal es que le preguntes al posible empleador si tiene un rango salarial en mente para el trabajo. Si continúan presionándote por tu salario actual, podrías responder diciendo, "Lo que hago en mi posición actual realmente no es relevante, ya que este sería un trabajo diferente con una compañía diferente y diferentes responsabilidades. Sólo busco un trabajo que me pague justamente en base a mis talentos y habilidades". Y luego podrías añadir la pregunta: "¿Puede decirme qué tipo de presupuesto tiene para este puesto?"

Cabe señalar que nunca recomendaría que mintieras sobre tu salario actual. Aunque algunas personas lo hacen, y lo hacen con éxito, debes saber que si te atrapan en una mentira, arruinarás tu oportunidad de conseguir el trabajo inmediatamente. También recuerda que podrías haber llenado una solicitud en la que se te pidió que indicaras tu salario actual. Al llenar esta parte de una solicitud, les digo a mis clientes que indiquen el salario que desean en esta línea de la solicitud. Por ejemplo: (El rango de salario deseado es de $50,000/año).

Por lo tanto, una vez más, trata de no ofrecer tu información salarial actual demasiado rápido (a menos que ya te paguen por el precio de mercado). Al revelar tu salario, es probable que pierdas algo de tu influencia en la negociación de un salario más alto.

Qué Hacer Cuando Te Preguntan Algo Que Te Toma Desprevenido.

Independientemente de la duración o el grado de preparación de la entrevista, es probable que te hagan una o dos preguntas que te dejen desconcertado. No dejes que estas preguntas te pongan nervioso o que te confundan. Tengo algunos consejos sencillos que te permitirán tener más tiempo para ordenar tus pensamientos.

Puede ganar más tiempo para desarrollar tu respuesta simplemente reconociendo la pregunta. Aquí hay algunos ejemplos de reconocimientos:

-- *"Oh, esa es una buena pregunta."*

-- *"Oh, nunca me habían preguntado eso antes."*

-- *"Déjame pensarlo un momento..."*

-- Si crees que puedes dar una buena respuesta a la pregunta, puedes decir, *"Me alegro de que hayas preguntado eso"*.

Otra forma de ganar más tiempo es simplemente reformular o repetir la pregunta. *"Si yo fuera un árbol, ¿qué clase de árbol sería y por qué?"* o *"Entonces, ¿qué clase de árbol sería?"*

Y, si no entiendes totalmente la pregunta, puedes pedirle al entrevistador que te aclare la pregunta. *"Quiero asegurarme de que entiendo la pregunta. ¿Puedo pedirle que se profundice en eso o que lo aclare?"*

Y, por último, si la pregunta que se te hace es una pregunta de varias capas, no dudes en escribir algunas notas sobre cómo podrías responder. Pero si está tomando notas, asegúrate de tomarlas rápidamente. No querrás retrasar la entrevista mientras tomas notas.

¿Está bien mentir? ¿Cuándo está bien mentir en una entrevista?

No es un secreto que algunas personas mienten en las entrevistas. Tal vez es la presión de conseguir ese trabajo que realmente quieres. Tal vez es la idea, a veces cierta, de que mentir, adornar u omitir cierta información de una entrevista te ayudará a conseguir el trabajo.

Aunque te disuadí de mentirle a tu posible empleador, puede haber cosas que puedes adornar u omitir cierta información en una entrevista. Te daré algunos ejemplos, sin ningún orden en particular:

1) Salario. Esta es la cosa más importante sobre la que la gente miente en sus entrevistas. No lo recomiendo, ya que podría volver a perjudicarte más tarde, sobre todo si el departamento de recursos humanos de tu nueva empresa comprueba tus referencias y surge la cuestión de tu salario. En lugar de inventar un salario más alto que el que recibes en tu puesto actual, podrías ponerle un precio a tu actual paquete de compensación, incluyendo salario, tiempo de vacaciones, beneficios, etcétera, por ejemplo: "Tengo un paquete de compensación y beneficios que valoraría cerca de $150,000".

2) Tus talentos y habilidades. Algunas personas mentirán sobre lo que pueden hacer. Por ejemplo, cuando se les pregunta si están familiarizados con un programa de software en particular, pueden indicar que están familiarizados con él cuando no saben cómo usarlo. Si esto es algo que puedes hacer en un curso intensivo y

aprender entre la entrevista y la fecha de inicio, probablemente podrías salirte con la tuya. Pero si no estás familiarizado con el programa y no puedes aprenderlo rápidamente, vas a estar en problemas cuando estés realmente en el trabajo y tu empleador espera que sepas cómo usar el programa. Será mejor que seas honesto y le digas al entrevistador que no estás familiarizado con el programa, pero que eres un aprendiz rápido y dispuesto a aprender esa habilidad rápidamente. Conocí a un diseñador gráfico que mintió sobre los programas gráficos con los que estaba familiarizado. Lo contrataron para el trabajo. Pero a los dos días de haber comenzado el trabajo, su empleador se dio cuenta de que el nuevo empleado no estaba familiarizado con los programas gráficos con los que decía estar familiarizado, y ese diseñador gráfico fue despedido a menos de una semana de haber comenzado su nuevo trabajo.

3) Cómo te sientes respecto a tu jefe o compañeros de trabajo actuales. Esta es un área en la que puedes hacerte daño a ti mismo. Si tuviste conflictos importantes con tus jefes o compañeros de trabajo actuales o pasados, no te beneficiarás al destrozarlos en tu entrevista. No, ciertamente no tienes que cantar sus alabanzas, sin embargo, tampoco lograrás nada si los destrozas.

4) Tus mayores debilidades. Si un empleador prospectivo pregunta acerca de cuáles son tus mayores debilidades, probablemente está bien que destaques una debilidad que no sea tu mayor debilidad. En vez de admitir una debilidad que no se puede corregir fácilmente, debes seleccionar una debilidad que puedas o que ya hayas mejorado, por ejemplo: "Anteriormente tomé más proyectos de los que podía manejar, sin delegar. Me di cuenta de esa deficiencia y desde entonces he trabajado para utilizar mi equipo mucho mejor. Aunque todavía estoy trabajando en ello, ahora siento

que he mejorado hasta el nivel en que ya no es un problema".

5) A quién conoces. Está bien dejar caer nombres durante una entrevista, pero asegúrate de que al menos conoces a la persona que dices conocer, ya que esto es otra cosa que puede volver a perjudicarte si mientes.

6) Tus intereses. Si te preguntan cuáles son tus intereses principales fuera del trabajo, probablemente esté bien seleccionar intereses menores que te hagan ver mejor ante un posible empleador. Sin embargo, ten cuidado. Conocí a un joven que decía que le gustaba el golf, cuando vio trofeos de golf en la oficina del entrevistador. No jugaba al golf en absoluto y, poco después de ser contratado, el entrevistador no dejaba de preguntarle si quería participar en una ronda de golf. El joven siguió declinando, pero me dijo que el entrevistador, que ahora era su compañero de trabajo, eventualmente se dio cuenta de que el joven no era golfista y, aunque no lo despidieron, se sentía avergonzado por la situación.

7) Despido o renuncia. Si fuiste despedido o destituido de tu puesto anterior, sé honesto al respecto, pero no te detengas en ello. Enfócate en lo positivo y dile a tu empleador que estás listo para nuevos retos y oportunidades.

8) Lugares donde has trabajado. Si has tenido lugares en los que has trabajado por períodos cortos de tiempo o lugares en los

que tuviste una mala experiencia, está bien que lo dejes fuera de tu currículum o de la conversación de la entrevista, siempre y cuando puedas explicar cualquier laguna laboral en tu currículum.

Nuevamente, nadie puede decirte si debes mentir, adornar u omitir información durante tu entrevista. Tendrás que determinar esto en base a tu ética y a los principios por los que vives. Sin embargo, si mientes o adornas, te sugiero seriamente que examines las posibles consecuencias de hacerlo.

Capítulo 8—El Futuro Está Esperando

Tu entrevista ha terminado. O bien conseguiste el trabajo o no lo conseguiste, o tendrás que esperar a que el posible empleador tome una decisión. De cualquier manera, hay algunas cosas que debe hacer para dar seguimiento a tu entrevista.

Qué Hacer Después De La Entrevista De Trabajo.

Antes de colgar el teléfono, cerrar una videollamada o dejar la entrevista, es muy importante que le preguntes al entrevistador cuándo debes hacer el seguimiento (suponiendo que no anuncien una decisión antes de que termine la entrevista). Si entrevistaste junto a varias personas, averigua con quién debes hacer el seguimiento y cómo el entrevistador preferiría que lo hicieras. (¿Quieren que llames, que les envíes un correo electrónico?)

Una vez que hayas aclarado tu mente, te sugiero que te sientes y escribas a máquina algunas notas de la entrevista. A medida que pasen los días después de una entrevista, es probable que olvides algunas de las cosas que se discutieron durante la entrevista y probablemente encuentres beneficioso tener algunas notas a las que puedas recurrir, si es necesario.

Después de hacerlo, debes planear enviar una nota de agradecimiento a cada persona con la que te entrevistaste. Si tuviste una entrevista telefónica o una entrevista en video, una nota de agradecimiento enviada por correo electrónico es apropiada. Si has tenido una entrevista en persona, te recomendaría que envíes un correo electrónico de agradecimiento ese mismo día y luego una carta de agradecimiento escrita a mano ese día o al día siguiente. Si envías notas de agradecimiento por correo electrónico a varias personas, escribe una nota personal y diferente para cada persona con la que te entrevistaste. Preferiblemente no la misma nota copiada. Una nota enviada por correo electrónico te dará la oportunidad de reiterar tu interés en el trabajo y enfatizar de nuevo por qué eres el adecuado para el trabajo. La nota enviada por correo postal debería ser mucho más corta, probablemente en una tarjeta de agradecimiento de algún tipo. Con ambas formas de nota, recomiendo que siempre agradezcas a los entrevistadores por su tiempo, les digas que disfrutaste aprendiendo más sobre el puesto y la empresa, y que vuelvas a expresar tu interés y entusiasmo por el trabajo que están ofreciendo.

Al enviar notas de agradecimiento, debes tener en cuenta que probablemente no vas a conseguir un trabajo basado en una nota de agradecimiento, pero si no envías una nota, podrías perder el trabajo. Las notas de agradecimiento ofrecen a los solicitantes la oportunidad de mantenerse "en la cima" con los entrevistadores y si tú no envías una nota de agradecimiento o no haces un seguimiento como se acordó, el entrevistador bien podría pensar que no estás interesado en el trabajo.

Si estás trabajando con un reclutador corporativo o un cazatalentos en tu búsqueda de trabajo, pídele a tu reclutador que haga un seguimiento con una llamada telefónica al gerente de contratación. Ellos deberían ser capaces de averiguar cómo te fue en la entrevista. Incluso si estás trabajando con un reclutador, las notas de agradecimiento deben venir de ti y no del reclutador. El entrevistador debe entender que estás interesado en el trabajo, no sólo que el reclutador está interesado en colocarte. Y, si estás usando un reclutador, te sugiero que hagas un seguimiento personal con el entrevistador en lugar de dejar la tarea únicamente al reclutador.

Con suerte, has tomado nota de cuando el entrevistador te pidió que les dieras seguimiento. Un par de notas sobre estos seguimientos. Seguimiento cuando el entrevistador te dijo que hicieras el seguimiento. No antes ni después. Es posible que tengas que caminar por una línea muy fina entre parecer interesado en el trabajo y parecer desesperado o convertirse en una molestia. Cuando hagas el seguimiento, pídeles una actualización de dónde están en el proceso de contratación y con cada llamada o correo electrónico pregúntales cuándo debes volver a contactarlos para obtener un estado actualizado. Y, si lo consideras apropiado, puedes preguntarles cómo te estás ubicando en comparación con los otros candidatos que han entrevistado. Si puedes obtener una respuesta sobre esto, tendrás una mejor idea de cuáles son tus posibilidades de conseguir el trabajo.

Y mientras esperas escuchar sobre un trabajo, no dejes que eso te impida buscar otros trabajos. Dependiendo de los puestos para los que se estés entrevistando, conseguir un trabajo puede ser a veces un juego de números y no hay nada malo en entrevistarse para varios trabajos al mismo tiempo. Si recibes una oferta en un trabajo mientras esperas oír en otro trabajo que preferirías más, entonces tendrás que tomar una decisión, pero será un buen problema para tener.

¡Conseguiste el Trabajo! ¿Ahora Qué?

¡Bingo! ¡Conseguiste el trabajo! Esta gran noticia debería poner en marcha las cosas que necesitarás hacer para pasar de tu antiguo empleo a tu nuevo empleo.

Al recibir una oferta de trabajo, debes confirmar la oferta con una carta de aceptación. En la carta, deberías confirmar la fecha de inicio acordada, el salario y el paquete de compensación completo (si el empleador no ha confirmado ya estas cosas por escrito con su oferta). Haz una copia de tu carta de aceptación para futuras referencias si surgen preguntas más adelante.

Luego tendrás que decirle a tu jefe actual que has aceptado un puesto en otra empresa. Puedes hacerlo verbalmente o con una carta formal de renuncia. Cuando presentes una carta de dimisión, también deberás hacerlo a la persona de recursos humanos de tu empresa. Si inicialmente le informas a tu jefe de tu nuevo trabajo por escrito, debes ofrecerte a reunirte con él o ella cuando sea conveniente para establecer un plan de transición. Debes saber que hay algunas compañías que no te permitirán continuar trabajando allí después de que hayas presentado una carta de renuncia. No te lo tomes como algo personal, ya que algunas compañías tienen esa política y no debe ser tomada como algo personal. Un cliente mío presenta un programa de entrevistas en la radio. Cuando consiguió un trabajo en otra estación hace tres años, la gerencia de la estación le dijo que no se le permitiría salir al aire nunca más. Había trabajado allí durante siete años y lo tomó como una afrenta personal, decepcionado de que no se le permitiera despedirse de todas las personas que habían escuchado lealmente su programa de radio a lo largo de los años. Le dije que no se lo tomara como algo personal, ya que era simplemente una política de la empresa. (La estación era propiedad de un conglomerado mediático que había sido objeto de un escarnio previo al permitir que un empleado que se iba continuara al aire después de que ese empleado hubiera presentado su renuncia. El empleado procedió a "destrozar" la estación con muchos comentarios negativos durante su último programa de radio. Por lo tanto, había una razón para la política de la compañía).

En cualquier carta de dimisión o en cualquiera de tus acciones después de tu dimisión, te sugiero seriamente que tomes el camino correcto y que seas amable durante todo el proceso, aunque tengas cosas que no te gusten de trabajar allí. Nunca es bueno romper puentes al dejar un trabajo. Eso puede hacerte sentir mejor, pero también mostrará una falta de respeto por la gente que sigue trabajando allí y nunca se sabe si necesitarás algo de una de esas personas en el futuro. Cualquier carta de renuncia debe señalar que usted estaba feliz por la oportunidad de trabajar allí y que les desea éxito en el futuro (aunque no lo hagas realmente).

En la reunión con tu futuro ex-jefe o supervisor, será bueno que te pongas de acuerdo en un plan de transición. ¿Querrá tu supervisor que entrenes a otra persona para el puesto que dejas? ¿Querrá que le des instrucciones detalladas para tu reemplazo? He tenido muchos clientes que se han apresurado a ofrecer su nueva información de contacto a su antiguo supervisor, diciéndoles que son bienvenidos a llamar en cualquier momento que tengan preguntas sobre el puesto que dejaron. Si no crees que tu empleador anterior se convertirá en una molestia con muchas llamadas telefónicas, probablemente esto esté bien. Sin embargo, si vas a hacer esto, debes estar consciente de que es posible que tu nuevo empleador no vea con buenos ojos esta práctica y tal vez quieras indicar a tu antiguo supervisor que se ponga en contacto contigo después de las horas de trabajo. Una excepción a hacer tal oferta a tu antigua compañía sería si has ido a trabajar para un competidor. Si este es el caso, probablemente ni siquiera sea ético que ayudes a tu compañía anterior y tu nuevo empleador casi seguro que desaprueba la idea de que ayudes a tu antiguo empleador.

A lo largo del proceso de transición en la empresa que vas a dejar, te sugiero que continúes manteniendo un contacto ocasional con tu nueva empresa, sólo para asegurarte de que todo sigue "en Marcha". Y, si tienes alguna pregunta nueva que surja mientras esperas para comenzar tu nuevo trabajo, estos contactos ocasionales serán buenos momentos para hacer esas preguntas a tu futuro empleador.

Y finalmente, mientras te preparas para dejar tu antiguo trabajo por el nuevo, te recordaré una vez más que "salgas por la puerta grande". No desprecies la compañía que dejas, no hagas alarde de tu nuevo trabajo a los compañeros que dejas atrás, y no te quedes en tus últimos días allí. Continúa trabajando duro, sigue mostrando una actitud positiva y agradecida, y tómate el tiempo para agradecer a cualquier persona que te haya ayudado. Aprovecha al máximo el tiempo que te queda allí y crea una transición suave y agradable desde tu antiguo trabajo hasta el emocionante próximo capítulo de tu carrera.

Cómo Transformar Un Rechazo En Algo Positivo.

Así que, acabas de recibir la temida noticia de "hemos decidido ir en una dirección diferente". No vas a conseguir ese trabajo que tanto querías. ¿A qué te dedicas ahora?

Bueno, primero deberías darte cuenta de que la vida no es todo color rosa. Todos somos rechazados en algún momento. Una de las cosas más difíciles de ser un solicitante de empleo es que, en última instancia, si te contratan o no está fuera de tu control. Conozco a personas que juran que hicieron lo mejor que pudieron y que no fue suficiente para conseguir el trabajo. Algunas de esas personas incluso creen que tuvieron la entrevista perfecta; no había nada que pudieran haber hecho mejor. Quizás no tenían tanta experiencia como otros candidatos, quizás no tenían las habilidades que otros candidatos tenían. De cualquier forma, no consiguieron el trabajo.

Siempre animo a las personas que han sido rechazadas en una entrevista de trabajo a que mantengan una actitud positiva, a que continúen enfocándose en el proceso y no en los resultados, y a que miren hacia atrás y analicen la entrevista para ver si hay algo que podrían haber hecho mejor o que podrían estar haciendo mejor.

Aquí hay algunas sugerencias de cosas que puedes hacer después de haber sido rechazado en una entrevista:

1) Pide que te den su opinión. Después de que te digan que la compañía con la que te entrevistaste ha decidido ir en una dirección diferente, pide su opinión sobre por qué no conseguiste el trabajo. Pregunta esto de una manera positiva, no a la defensiva, y puede que te sorprenda la cantidad de gerentes de contratación que son comunicativos sobre el motivo por el que no conseguiste el trabajo. Y, si estás trabajando a través de un reclutador o cazatalentos para conseguir un trabajo, lo mismo se aplica. Solicítales que hagan un seguimiento con el empleador para ver dónde y por qué te quedaste corto. Puedes usar esta información para evaluar la manera en que te estás entrevistando. Si te rechazan de varios empleos por las mismas o similares razones, probablemente tendrás que ver la forma en que te estás entrevistando o los puestos para los que te estás entrevistando.

2) Analiza, identifica y adáptate. Es importante que continúes analizando por qué no obtienes los puestos de trabajo que estás solicitando. Como se mencionó anteriormente, si puedes obtener retroalimentación de las personas con las que te entrevistaste, eso ciertamente ayudará. Pero, ya sea que obtengas retroalimentación de los entrevistadores o no, debes estar constantemente analizando tu proceso y tu desempeño al tratar de obtener los empleos que deseas. Por supuesto, es posible que no estés haciendo nada malo, sin embargo, te estarás quedando corto si al menos no das un paso atrás

Encuentra trabajo hoy

y buscas áreas en las que puedas mejorar en tus esfuerzos de entrevista.

3) Concéntrate en las cosas que puedes cambiar. En algunos casos, no podrás hacer ningún cambio basado en la razón por la que no conseguiste el trabajo. Por ejemplo, tengo un cliente de Illinois que recientemente solicitó un puesto de venta en una empresa nacional. El puesto de ventas era responsable de dos estados, Luisiana y Texas. Cuando mi cliente se enteró de que la empresa con la que se entrevistó había decidido ir en una dirección diferente, le preguntó al gerente de contratación si había alguna razón por la que no lo habían elegido. El gerente de contratación observó que el candidato que fue contratado tenía experiencia previa en ventas en esos estados y por eso decidieron ir con él en lugar de mi cliente. Bueno, esto era algo que ciertamente estaba fuera del control de mi cliente. No podía controlar dónde estaban sus territorios y no tenía conocimiento de ello al entrar en la entrevista. Además, fue una mera coincidencia que la persona que obtuvo el trabajo había trabajado anteriormente en esos estados. Por lo tanto, mi cliente probablemente no hizo nada malo en su proceso de entrevista. Alguien más tuvo la suerte de haber trabajado antes en esos estados.

Te daré otra historia que ilustra cómo un solicitante se centró en las deficiencias que podía cambiar. Un pariente mío es un entrenador de béisbol. Tengo la sensación de que es genial en lo que hace, porque he leído sobre sus logros en Internet. (Todo lo que leemos en Internet es cierto, ¿verdad? Broma.) Bueno, durante años, mi pariente ha sido un entrenador de un colegio comunitario que se ha interesado en convertirse en un entrenador de bateo de las ligas menores y luego, con el tiempo, se abrió camino hasta convertirse en un entrenador de bateo de las ligas mayores. Por más de dos años, él tuvo entrevistas con cuatro diferentes equipos de béisbol de las ligas menores y cada vez él salió con las manos vacías. Frustrado, finalmente decidió volver a las personas con las que se entrevistó y averiguar por qué no lo habían contratado y cuáles eran las diferencias entre él y las personas que contrataron. Las dos primeras organizaciones a las que llamó fueron lo suficientemente comunicativas como para decirle que estaban preocupadas por si podría trabajar bien con los jugadores latinoamericanos, ya que no hablaba español. Para los que no lo saben, hay un gran porcentaje de jugadores latinoamericanos en las ligas menores y mayores de béisbol de Estados Unidos y no todos ellos hablan o entienden el inglés con fluidez. Así que, armado con esta información, mi pariente se encargó de tomar algunas clases aceleradas de español. Por supuesto, para cuando llegó la siguiente temporada, era muy competente para hablar español. Solicitó un trabajo como entrenador de bateo en las ligas menores y fue contratado. Un par de lecciones se pueden aprender de su experiencia. Primero, solicitó comentarios sobre el motivo por el que había sido rechazado anteriormente. Segundo, analizó esa información y determinó que probablemente no estaba ganando esos trabajos porque no hablaba español, a pesar que eso nunca fue anunciado como requisito para el trabajo. Tercero, se dio cuenta de que podía cambiar esa deficiencia y tomó algunos cursos de español.

4) Promete que aprenderás algo de tu rechazo. No es ningún secreto que podemos aprender mucho de nuestros fracasos. Y si no aprendemos de nuestros fracasos, seguiremos repitiéndolos. Si te han rechazado por un trabajo, hazte cargo de analizar lo que podrías haber hecho mejor y aprende de ello. De lo contrario, todo el tiempo y el esfuerzo que dedicaste a la preparación de esa entrevista seguramente se desperdiciará. Trata de sacar algo valioso de cada rechazo.

5)	Afina tu búsqueda. Con la entrevista para el trabajo que no conseguiste, ¿hubo algo que no te gustó de los trabajos o de las empresas con las que te entrevistaste? Dejando a un lado el rechazo, tal vez descubriste algunas cosas sobre el trabajo o la compañía que no eran tan buenas como pensabas que serían. Si es así, puedes usar esta información para afinar tu búsqueda. Por ejemplo, si alguien se presenta a un trabajo de gestión de contabilidad y se da cuenta en la entrevista de que el trabajo requiere mucha más gestión de personas que la contabilidad. Y la persona que se postuló para este trabajo realmente no está muy interesada en manejar a las personas. Preferiría estar más involucrado sólo en los aspectos contables de un trabajo de contabilidad. Con ese autoanálisis, puede refinar sus búsquedas futuras a trabajos de contabilidad que no incluyan responsabilidades de gestión.

6)	Céntrate en el proceso, no en el resultado. Mis clientes te dirán que insisto en la idea de que, al buscar un trabajo, necesitan enfocarse en el proceso de conseguir un trabajo y prepararse y entrevistarse bien en lugar del resultado. La entrevista es un proceso y no podrás controlar el resultado de quién es elegido para el trabajo. Sin embargo, si puedes continuar afinando los métodos que estás usando para conseguir y prepararte para las entrevistas y continuar analizando y refinando la forma en que estás entrevistando, te darás la mejor oportunidad de manipular el resultado. Por lo tanto, enfócate en el proceso y no en el resultado.

Conclusión

Así que, ahí lo tienes. Ahora que has leído este libro, tienes las herramientas para salir y conseguir las entrevistas que quieres. También tienes algunos consejos y técnicas que te ayudarán a tener más éxito en las entrevistas, a ser mejor persona y a conseguir el trabajo que realmente quieres.

Hemos discutido una variedad de temas que puedes usar para aumentar tus posibilidades de conseguir el trabajo. Puedes obtener más entrevistas usando los consejos que te he dado para construir un mejor currículum. Puedes posicionarte por encima de otros candidatos escribiendo cartas de presentación que capten la atención del lector y le digan al entrevistador por qué eres un candidato formidable al que tienen que entrevistar.

Hemos discutido cómo vestirse para una entrevista, cómo superar el nerviosismo y la ansiedad. Hemos hablado de la importancia de hacer los deberes e investigar la empresa con la que te vas a entrevistar, para que puedas evitar la pregunta "¿Qué hacen aquí?", para empezar la entrevista. También deberías tener un mejor manejo de cómo navegar las preguntas difíciles en una entrevista y ahora sabes qué preguntas hacer durante una entrevista. Sabes cómo manejar las preguntas que te pillan desprevenido. Con el lenguaje corporal correcto y un aire de confianza, serás capaz de sobresalir y causar una primera impresión de calidad. Ahora sabes lo que los posibles empleadores quieren oír y sabes las cosas que ellos no quieren oír. Y sabes cómo hacer un seguimiento después de una entrevista de trabajo. Si tienes la suerte de convertirte en el candidato principal, sabrás cómo negociar para obtener el salario óptimo. También sabrás lo que tiene que pasar después de que aceptes una oferta.

Encuentra trabajo hoy

En resumen, ahora tienes las herramientas en tus manos para marcar y marcar entrevistas.

Como he mencionado antes, el proceso de entrevista de trabajo es una competencia. Competirás contra otros candidatos que tienen el mismo objetivo que tú: conseguir el trabajo. Si vas a tener una oportunidad, tendrás que encontrar la manera de destacarte de estos otros candidatos. Tendrás que ajustar y afinar tu proceso de entrevista. Aunque he conocido a personas que han asegurado que tuvieron una entrevista perfecta, pero no consiguieron el trabajo, siempre he animado a esas personas a que continúen volviendo y analizando su proceso. ¿Realmente hicieron todo bien? ¿No hay algo que podrían haber mejorado?

La entrevista para un trabajo puede ser un proceso frustrante, sobre todo porque incluye algunos elementos que están fuera de tu control. Con los candidatos que han sentido que han hecho todo bien durante el proceso de entrevista, pero que aún no han conseguido el trabajo, les digo lo mismo que te digo a ti: En las entrevistas de trabajo, es importante que te concentres en el proceso de conseguir el trabajo, no en el resultado. Puedes controlar lo que haces en tus esfuerzos por conseguir el trabajo, pero no puedes controlar si consigues el trabajo. Desafortunadamente, eso está fuera de tu control. Así que, de nuevo, con esas cosas en mente, concéntrate en el proceso, no en el resultado. Si puedes hacer eso, te aseguro que tendrás más éxito en las entrevistas y aumentarás tus posibilidades de conseguir el trabajo.

Si no consigues un trabajo, por la razón que sea, no bajes la cabeza. Si puedes aprender de tus rechazos pasados, esos rechazos te ayudarán en última instancia a mejorar tu proceso. Sí, tengo clientes que me dicen que están cansados de aprender de sus errores. Dicho esto, siempre les recuerdo que la búsqueda de un nuevo trabajo es a menudo un juego de números. Es un proceso, no un evento. Cuanto más y más rápido puedas afinar tu proceso, más rápido podrás conseguir ese nuevo trabajo.

Ahora has pasado un poco de tu tiempo valioso leyendo este libro.

Espero que ahora te tomes el tiempo para implementar inmediatamente algunos de los consejos y técnicas que te he dado. Con muchos libros de autoayuda o de "cómo hacer" como éste, los lectores cometen el error de no resolverse a hacer cambios inmediatamente. Algún día se decidirán a hacer cambios, siempre que lo hagan. Desafortunadamente, la mayoría de esas personas nunca lo hacen. Por eso te animo a que hagas cambios y cambies tu proceso inmediatamente. Si estás dispuesto a hacerlo, seguramente aumentarás tus posibilidades de conseguir el trabajo que quieres. Aunque no puedo garantizar que obtendrás todos los empleos que solicites, puedo decir que si usas las herramientas que te he proporcionado, podrás dar lo mejor de ti mismo al tratar de conseguir entrevistas y tendrás muchas más posibilidades de tener éxito en las entrevistas que tengas.

Así que, ¡vamos a por ello!

Te deseo más entrevistas y más éxito en las mismas. ¡Feliz cacería!

¡Estás contratado! Prepara tu entrevista de trabajo

Vístete para triunfar, destaca del montón, responde correctamente, lúcete y consigue el trabajo de tus sueños + preguntas y respuestas comunes

Tabla De Contenidos

Introducción..117

Capítulo 1 - Comienza la Caza.....................................120

    Siete maneras simples de encontrar el trabajo que usted ama...121

    Usando el Internet para encontrar el trabajo de sus sueños.......126

    Cómo encontrar trabajos que no están anunciados..................128

Capítulo 2 - Un currículum para vencerlos a todos..................132

    Creación de un súper currículum................................132

    Cómo adaptar su currículum a un trabajo específico...............137

    Cómo escribir buenas cartas de presentación.....................140

Capítulo 3 - Adelante con una cartera en línea.........................146

    Consejos para crear una cartera en línea que le permita ser contratado..................147

    Lo que hay que saber para crear un perfil de LinkedIn irresistible...................151

    Cómo un blog puede impulsar su carrera.........................156

    Seis Fabulosas Herramientas para Ayudarle a Armar su Portafolio en Línea........157

Capítulo 4 - Redes para el éxito.....................................160

    Los fundamentos del trabajo en red..............................160

    Diez preguntas para establecer contactos........................166

    Cómo trabajar en red si es un introvertido......................169

Capítulo 5 - Autopromoción sin ataduras...........................172

    Identifique sus fortalezas......................................172

    Consejos para crear una marca personal que les traiga a los empleadores..........174

Estrategias menos conocidas para la autocomercialización. 179

Capítulo 6-Romper barreras 184

Cuatro maneras en las que usted podría estar saboteando su propia búsqueda de empleo. 184

Cómo superar la ansiedad social y la timidez en su búsqueda de empleo. 187

Desarrolle una Actitud que Atrae el Éxito Ahora. 195

Capítulo 7 - Secretos de las entrevistas de trabajo 197

Reglas de oro para hacer una excelente primera impresión en una entrevista de trabajo. 197

Consejos de expertos para destacar en un mercado competitivo. 202

Las 10 preguntas de la entrevista de trabajo que siempre debe saber cómo responder. 204

Capítulo 8 - Hágalo realidad 209

Lo que necesita saber si está cambiando de carrera. 209

Siete técnicas de negociación para obtener el salario que desea. 213

Cómo dar seguimiento a una solicitud de empleo de la manera correcta. 216

Conclusión 218

Introducción

Encontrar el trabajo adecuado para usted puede ser un proceso difícil, complicado y a veces estresante. Ya sea que esté buscando su primer trabajo, un mejor trabajo o un trabajo de cambio de carrera, tendrá que desarrollar un plan sobre cómo hacerlo y luego tendrá que encontrar la mejor manera de conseguir el trabajo que está buscando. Muchas personas tienen aspiraciones laborales o de carrera, pero se quedan atascadas en el lugar en el que se encuentran porque no tienen ni idea de cómo conseguir ese trabajo o carrera.

En este libro, voy a proporcionarle las herramientas y consejos que necesitará para conseguir el trabajo que desea. Le diré cómo puede encontrar esos trabajos, estén anunciados o no. También le diré cómo posicionarse por encima de otros candidatos que están solicitando el mismo trabajo.

Mi nombre es David Allen. Soy un experto en cómo conseguir un trabajo. He tenido años de experiencia como director de recursos humanos para múltiples compañías en diferentes industrias. También he trabajado como reclutador, reclutando gente para llenar varios puestos de trabajo corporativos. Y, finalmente, he trabajado como consultor laboral, ayudando a la gente a encontrar su trabajo óptimo. A lo largo de los años, he acumulado muchos conocimientos sobre la mejor manera de que la gente consiga los trabajos en los que está interesada. En mis experiencias, he encontrado que muchas personas no saben cómo conseguir el trabajo de sus sueños y, como resultado, nunca supieron que existía una vacante para ese trabajo, o no sabían cómo colocarse en una posición para conseguir el trabajo que les hubiera gustado tener. Las personas con las que he trabajado en mis puestos de recursos humanos, reclutamiento y asesoramiento a menudo me han animado a escribir un libro y compartir mi vasto conocimiento y años de experiencia con otras personas que podrían beneficiarse de él. Con eso en mente, he escrito este libro.

Si se tomas el tiempo para leer este libro, y si usa los consejos y sugerencias que se aplican a su situación particular, tendrás una gran oportunidad de conseguir el trabajo que deseas. A través de los años, he ayudado a la gente a conseguir trabajos o carreras que nunca pensaron que tendrían la oportunidad de conseguir. Dependiendo de la carrera en la que esté interesado y del nivel en el que se encuentre con su propia experiencia laboral, cada carrera o trabajo requiere un enfoque diferente. No hay una sola manera de encontrar el trabajo que usted desea. Los enfoques de siempre y las plantillas de búsqueda de empleo no funcionan, ya que cada industria, cada trabajo, cada empleador es diferente. Es por eso por lo que tengo la intención de darle un número de maneras de encontrar y conseguir el trabajo de sus sueños que está buscando. Después de leer este libro, usted también encontrará que será más eficiente en su búsqueda de empleo. Aprenderá dónde buscar trabajo, cómo buscar trabajo y luego a buscar los trabajos que le interesan. Esta información no sólo le ahorrará tiempo, sino que también le dará una mejor oportunidad de asegurar el trabajo en el que está interesado y lo colocará por encima del desorden de candidatos para el mismo puesto.

Como consejero de carreras, he podido ayudar a muchas personas a encontrar trabajos o carreras que les convengan. Ya sea que busquen ganar más dinero, utilizar sus talentos o encontrar un ambiente de trabajo o una carrera que se adapte mejor a sus necesidades, he podido orientarlos en la dirección correcta y aconsejarlos sobre cómo podrían lograr el éxito mientras buscan el trabajo o la carrera de su elección. He recibido las gracias de personas que sostienen que la ayuda que les proporcioné cambió la vida. Espero poder hacer lo mismo con usted y, quizás algún día, recibiré un testimonio de usted diciéndome que siempre estará agradecido por la forma en que los consejos de este libro lo colocaron en el camino correcto de su carrera profesional.

Si lee este breve libro y pone en práctica los consejos y las técnicas que se aplican a usted, le puedo asegurar que tendrá la oportunidad de ser usted mismo para encontrar el trabajo que quiere. En mis días de juventud, un viejo amigo mío y yo hablábamos a menudo de los trabajos de ensueño que queríamos tener algún día. Al principio de nuestras discusiones, determinamos algo que todavía se aplica hoy en día: Nunca podrás conseguir el trabajo de tus sueños si no lo solicitas. Por lo tanto, la moraleja de la historia de la búsqueda de empleo es simple: Es muy improbable que se consiga un trabajo que no se persigue. Además de eso, la forma en que usted persigue ese trabajo puede determinar si obtiene el trabajo o no. Si lees este libro y sigues los consejos que son apropiados para ti, tendrás la mejor oportunidad de conseguir ese trabajo. No, no puedo garantizarle que obtendrá el empleo que solicite, pero le garantizo que tendrá la mejor oportunidad de conseguirlo.

Tengo un amigo que ha escrito muchos libros de autoayuda y es considerado un experto en ese campo. Me dice que hay dos tipos de personas que leen libros de autoayuda como éste. Hay quienes leerán los libros y pondrán los consejos y técnicas en un segundo plano, a menudo sin volver a ellos. Luego están los que leen los libros e implementan inmediatamente los consejos y técnicas que derivan del libro. Estoy seguro de que usted puede adivinar cuál de los dos tipos de lectores tiene más éxito. Con suerte, se encontrará en el grupo que implementa el conocimiento que obtienes inmediatamente. Esto le dará la mejor oportunidad de tener éxito en sus esfuerzos por conseguir un nuevo trabajo.

Los consejos y técnicas que ofrezco en este libro pueden proporcionar resultados increíbles, si se toma el tiempo y hace el esfuerzo de ponerlos en práctica. Cada capítulo de este libro está lleno de información sobre cómo puede conseguir el trabajo que desea. Vamos a por ello. Juntos podemos hacer que suceda.

Capítulo 1 - Comienza la Caza

Por dónde empiezo, se preguntará. Buscar trabajo puede parecer abrumador, especialmente al principio de su búsqueda. Es por eso por lo que será importante que usted desarrolle un plan antes de comenzar a solicitar trabajos específicos o en compañías específicas. Estos son algunos pasos que puede seguir para prepararse para encontrar el trabajo que realmente desea.

Decida lo que quiere. Hay toneladas de puestos de trabajo disponibles para que los posibles empleados puedan elegir. Antes de meterse en todo este desorden, primero debe hacerse algunas preguntas que le ayudarán a definir y refinar los trabajos que desea buscar. ¿Qué tipo de trabajo quiere buscar? (Un trabajo de marketing, un trabajo de ventas, un trabajo de servicio al cliente, etc.) Lo más probable es que usted ya tenga una buena idea de qué tipo de trabajo está buscando. Si no es así, le sugiero que entre en algunos de los sitios de trabajo en línea, como LinkedIn, Indeed o Glassdoor, y navegue por las diferentes categorías para determinar qué tipo de trabajo le puede interesar.

Además, usted debe determinar para qué tipo de compañía le gustaría trabajar. Una gran empresa, una pequeña empresa, una mediana empresa o tal vez no le importe. ¿Le preocupa tener un buen ambiente de trabajo? Si es así, ¿alguna de las empresas que le interesan tiene una sólida reputación por el entorno de trabajo que ofrecen? ¿Ha tenido alguna experiencia previa que le pueda ser útil para conseguir un trabajo en alguna industria o compañía en particular? Por ejemplo, el hijo de un amigo mío trabajó como relaciones públicas para una cadena de restaurantes franquiciados. Este fue su primer trabajo al salir de la universidad. Le encantaba la industria de la restauración, pero quería pasar de un trabajo de relaciones públicas a un trabajo de marketing. Como resultado, decidió dirigirse a las cadenas de restaurantes (pequeñas y grandes) y a las empresas franquiciadas (no sólo restaurantes, sino también otras operaciones franquiciadas). Este joven sabía que su experiencia en restaurantes y su experiencia con una empresa franquiciada podían separarlo de otros solicitantes que no tenían la misma experiencia. Por lo tanto, al buscar un nuevo trabajo, será útil determinar qué experiencia previa ha tenido que le pueda ayudar a superar a otras personas que están solicitando los mismos trabajos.

Una vez que haya determinado los tipos de trabajos que desea y los tipos de compañías para las que le gustaría trabajar, querrá desarrollar un currículum vitae. En el próximo capítulo de este libro, esbozaré específicamente cómo puede desarrollar un "súper" currículum, sin embargo, antes de hacerlo, me gustaría darle algunas ideas rápidas sobre cómo va a utilizar ese currículum.

Siete maneras simples de encontrar el trabajo que usted ama.

1) **Redes sociales.** Si ya tiene presencia en plataformas de medios sociales como Facebook, Twitter y LinkedIn, estas plataformas pueden ser un excelente medio para que corras la voz de que está buscando trabajo. La excepción a esto, por supuesto, es que, si ya tiene un trabajo querrá mantener en secreto que está buscando otro trabajo. En ese caso, no querrá usar las redes sociales para informar a la gente que está buscando trabajo. Pero si usted no está empleado actualmente o si tiene un trabajo y su empleador actual sabe que está buscando otro trabajo, entonces las redes sociales le proporcionarán una gran manera de hacer correr la voz. Mi forma de pensar sobre la búsqueda de trabajo es que la persona que busca el trabajo debe "decirle al mundo" que está buscando trabajo. Aconsejo a la gente que le haga saber al mayor número posible de personas que está buscando trabajo, ya que nunca se sabe quién podrá ayudarle con eso.

Si aún no tiene presencia en Facebook o Twitter, dudo que establecer una presencia en esas plataformas le vaya a ayudar en esta búsqueda de empleo. Por otro lado, recomiendo encarecidamente que establezca una presencia de LinkedIn incluso si no tiene una ahora, ya que esto podría producir resultados inmediatos, posible o probablemente de alguien que ni siquiera conoce ahora.

2)   Diríjase directamente a las empresas. ¿Hay alguna empresa en particular para la que realmente le gustaría trabajar? ¿Alguna compañía que usted piense que sería una buena opción para usted? Si es así, le sugiero que se dirija directamente a esas empresas. Puede hacerlo de varias maneras diferentes. La mejor manera es probablemente entrar en el sitio web de la compañía. Muchas empresas que tienen un sitio web, especialmente las más grandes, ofrecerán oportunidades de trabajo en su sitio. A menudo, estas oportunidades de trabajo se publican en una página a la que se puede acceder en una pestaña que a menudo se denomina trabajos u oportunidades de trabajo, carreras u oportunidades de carrera, o empleo. Estas páginas le permitirán determinar si existen aperturas actuales y cuáles son esas aperturas. Si no hay vacantes en el campo que está buscando y si está realmente interesado, le aconsejo que no se desanime. El hecho de que no haya vacantes hoy no significa que no las haya pronto. Si realmente le gusta la idea de trabajar para esta compañía, puede enviarles una carta de presentación y un currículum vitae, detallando específicamente por qué quieres trabajar para esa compañía o por qué crees que encajarías bien. En estos casos, le sugiero que obtenga específicamente el nombre de la persona que sería responsable de la contratación. Por ejemplo, si está interesado en un puesto de marketing, debe llamar a la empresa y obtener el nombre correcto y el título adecuado de la persona que está a cargo del departamento de marketing de la empresa. Sí, usted podría hacer esto en un correo electrónico, pero los correos electrónicos son muy fáciles de borrar y olvidar, por lo que le recomendaría que utilice una carta anticuada enviada a través de la Oficina de Correos de los Estados Unidos. Obviamente, no querrás hacer esto por cada compañía a la que se postule, sin embargo, le animo a que envíe a cualquier compañía específica en la que tenga interés y, si no tienen ninguna vacante actual, pídeles que se mantengan en el archivo para futuras referencias siempre que tengan vacantes. También encontré que algo que está escrito o impreso en papel es mucho más difícil de descartar que un correo electrónico que se puede borrar con el simple clic de un botón.

Y otra cosa más con estas cartas y currículums. A menos que su sitio web le indique lo contrario, le sugiero que envíe las cartas a la persona que realmente estará a cargo de la contratación. Por ejemplo, para un trabajo de marketing, su carta estaría mejor dirigida al vicepresidente o al Director de Marketing que al Director de Recursos Humanos. (Además, tenga en cuenta que no sería perjudicial enviar cartas a ambos.)

3) **Use su escuela como un recurso.** Si usted tiene algún tipo de título universitario, ya sea un título universitario, técnico o comunitario, vocacional o comercial, debe saber que es muy probable que esas escuelas tengan departamentos que puedan ayudar a los exalumnos a conseguir trabajo. Como a la mayoría de las instituciones educativas les gusta enmarcar su reputación en los puestos de trabajo que obtienen sus graduados, pueden ser muy útiles para referir a los exalumnos a puestos de trabajo vacantes. De la misma manera, los empleadores a menudo utilizan estos centros de

carrera escolar para anunciar vacantes de trabajo. Un amigo mío que tiene una pequeña empresa ha contratado repetidamente a empleados de una escuela de formación profesional cercana, ya que sabe que estos empleados están bien formados y también porque no tiene que pagar para anunciar las ofertas de trabajo. Y también le gusta el hecho de que no se vea inundado de solicitudes de personas que no han tenido la formación adecuada o que no han refinado su búsqueda de empleo. Durante años, he contratado pasantes de verano poniéndome en contacto con la universidad cercana y siempre me ha impresionado la selección de candidatos que me ofrecen. Así que, ya sea que esté buscando su primer empleo después de graduarse de una de estas instituciones de educación superior o si ya ha tenido otros trabajos desde su graduación, ciertamente debería considerarlos como un posible recurso para encontrar su próximo trabajo.

4) **Ferias de empleo**. Muchos colegios y universidades, muchas comunidades y ciudades tienen ferias de empleo en las que los empleadores tienen puestos en los que se puede hablar con los representantes acerca de las vacantes y oportunidades de trabajo. Como alguien que está buscando trabajo, estas ferias de trabajo le ofrecen la oportunidad de reunirse con múltiples empleadores, casi todos los cuales están contratando, y de averiguar qué oportunidades podrían tener disponibles. Ellos deberían ser capaces de decirle qué trabajos hay específicamente disponibles y también podrán decirle cómo podría usted solicitar un trabajo allí. Si usted va a asistir sólo a estas ferias de empleo, le sugiero que traiga una buena cantidad de currículos que puede dejar con cualquier empleador que le interese.

5) **Corre la voz... a todos**. Esto se remonta a mi enfoque de "Cuéntale al mundo". Si está buscando un nuevo trabajo, creo que es importante que le diga a la mayor cantidad de gente posible sobre su interés en encontrar un nuevo trabajo. Una vez más, usted nunca puede estar seguro de quién podría obtener una referencia o una parcela importantes de información que le será útil para conseguir el trabajo que desea. Conozco a una mujer que obtuvo información importante sobre una oferta de trabajo de la camarera de su cafetería. Conozco a un hombre que puso el pie en la puerta para conseguir el trabajo de sus sueños al mencionar el hecho de que quería entrar en una empresa en particular en una fiesta de cumpleaños para su sobrina. La familia de la pareja de una persona que estaba buscando trabajo tenía un compañero de golf de uno de los altos cargos de una empresa y, a través de esta conexión, la persona que buscaba trabajo consiguió una entrevista que nunca hubiera podido conseguir de otra manera. Los clubes de lectura, las fiestas, los happy hours, las actividades de voluntariado, todos ellos ofrecen la oportunidad de difundir la noticia de que está buscando trabajo.

Una vez más, se debe señalar que, si usted tiene un trabajo actual, probablemente tendrá que ser algo discreto en la difusión del hecho que usted está buscando otro trabajo, ya que es posible que no desee que esa información tenga un impacto en su situación laboral actual.

6) **Organizaciones profesionales, asociaciones.** También debe saber que las organizaciones o asociaciones profesionales pueden ser excelentes fuentes de ofertas de empleo en su campo particular. Independientemente de la profesión o campo en el que se encuentre, es probable que exista una organización para los miembros de esa profesión.

Un amigo mío consiguió su primer trabajo como reportero de periódicos a través de la Sociedad de Periodistas Profesionales. Se puso en contacto con el presidente de la sucursal local y ese presidente pudo ponerlo en contacto con un periódico que buscaba cubrir un puesto de reportero. Otro amigo mío tiene un hijo que recientemente se graduó de la escuela vocacional en la que obtuvo un título de electricista. Ese hombre consiguió su trabajo contactando con el sindicato local de electricistas. Pudieron referirlo a dos empleadores diferentes que estaban contratando electricistas.

7) **Carteles de "Ahora se contrata" / Carteles de "Se busca ayuda".** Mientras escribo este libro, la economía en los Estados Unidos es muy fuerte y hay muchas oportunidades de trabajo. Cuando la economía es fuerte como ahora, notará que muchas, muchas empresas tienen letreros de " Ahora se contrata " o " Se busca ayuda " en sus instalaciones. Si usted piensa que cualquiera de estos negocios sería un buen lugar para trabajar, le sugiero que visite el lugar y pida hablar con el gerente o que complete una solicitud. ¿Hay algunos negocios que usted frecuenta que parecen ser buenos lugares para trabajar? Si es así, tal vez quiera preguntar quién hace la contratación allí y luego presentarse. Debe tener en cuenta que esta es una excelente manera de obtener trabajos de temporada si desea ganar dinero extra. (por ejemplo, la temporada navideña.)

Usando el Internet para encontrar el trabajo de sus sueños

No debería sorprenderle descubrir que el Internet le ofrece una gran manera de ayudarle a encontrar y conseguir el trabajo de sus sueños. Por otra parte, la información de Internet está tan fácilmente disponible y el hecho de que una persona pueda completar una solicitud de empleo en la comodidad de su propia sala de estar (tal vez incluso en pijama), a menudo conduce a muchas más solicitudes para el mismo trabajo. Estas son algunas de las maneras en que puede usar el Internet para conseguir el trabajo de sus sueños:

1) **Supervisar las ofertas de empleo directamente en el sitio web de la empresa.** Lo detallé en la sección anterior. El sitio web de

una compañía a menudo ofrece una gran manera de averiguar si tienen alguna vacante actual.

2) **Investigue su empresa deseada.** En los "viejos tiempos", se animaba a las personas interesadas en trabajar en una empresa concreta a que se pusieran en contacto con el informe anual de la empresa o con la documentación promocional de la misma. Se espera que esta información proporcione suficiente información sobre la compañía para que el solicitante de empleo pueda referirse a parte de esta información en su carta de presentación. Ahora, es extremadamente fácil aprender acerca de cualquier compañía que le pueda interesar. Usted puede simplemente ir a su sitio web, donde puede obtener mucha información sobre los productos que venden o los servicios que ofrecen. Si es inteligente, utilizará parte de la información que obtiene del sitio web en su carta de presentación a la empresa (junto con su currículum, por supuesto).

3) **Encuentre buenas empresas para trabajar.** No faltan las "empresas para las que trabajar" en Internet. Si no estás totalmente seguro de para qué empresa quiere trabajar, pero sabe que sólo quiere trabajar para una buena empresa, el Internet está lleno de artículos en los que las empresas son buenas para trabajar. Si tiene en mente un área o región en particular, puede afinar fácilmente su búsqueda, es decir, buenas empresas para trabajar en el área de Boston.

4) **Asociaciones profesionales, organizaciones.** Una vez más, cubrí algo de esto en la sección anterior, pero el Internet proporciona una gran manera para que usted pueda encontrar los nombres y la información de contacto de las organizaciones profesionales, asociaciones, sindicatos, fraternidades, etc. Muchas de estas organizaciones publican sus boletines en línea o le permiten recibir copias gratuitas por correo electrónico de sus boletines. Los boletines de noticias proporcionan otra gran manera para que usted aprenda

acerca de la industria en la que está interesado. Algunos de ellos incluso contienen anuncios de trabajo.

5) **Sitios de trabajo.** Hay muchos sitios de búsqueda de empleo en Internet. Muchos empleadores utilizan estos sitios para publicar ofertas de empleo y asegurar las solicitudes. Si está buscando trabajo, es importante recordar que muchas empresas utilizan sólo uno o dos sitios para publicar sus ofertas de empleo y que el hecho de no encontrar una oferta para una empresa en un sitio no significa que no vaya a ser publicada en otro sitio. Le sugiero que empiece navegando por varios sitios de trabajo y luego, a medida que se familiarice con ellos, podrá determinar con qué sitios se siente más cómodo, qué sitios ofrecen la mayor cantidad de empleos en su campo, etc.

Algunos de los sitios de trabajo más populares en la actualidad incluyen: De hecho, Monster, Glassdoor, ZipRecruiter y CareerBuilder. Le animo a que navegue por cada uno de estos sitios varias veces y luego, si desea eliminar algunos de ellos, puede hacerlo después de determinar cuáles son los que tienen más probabilidades de ser eficaces para su búsqueda.

Cómo encontrar trabajos que no están anunciados.

Casi la mitad de todas las ofertas de empleo disponibles nunca se anuncian, por lo que deberá tenerlo en cuenta al realizar su búsqueda. Algunas compañías no anuncian ofertas de trabajo debido al costo que esto implica. Otros no se anuncian porque están interesados en contratar desde dentro. Y algunas empresas no quieren hacer publicidad porque no quieren clasificar la multitud de aplicaciones que podrían recibir a través de la publicidad y la apertura.

Es importante señalar que casi la mitad de todos los puestos de trabajo no se anuncian. Como alguien que está buscando trabajo, esto significa que tendrá que encontrar maneras de acceder a estos trabajos no anunciados.

El medio más popular para encontrar trabajos no anunciados es a través de algún tipo de red. Las redes sociales como Facebook y Twitter pueden ser efectivas para ayudarte a encontrar estos trabajos. Para ello, sin embargo, es probable que necesite tener una presencia establecida en estos sitios. Alguien que tiene de 750 a 1000 seguidores en Facebook o Twitter tiene más probabilidades de tener éxito que alguien que tiene un par de docenas de seguidores. Y si tiene un número limitado de seguidores en tus plataformas de medios sociales, va a ser difícil para ti ganar un número mayor de seguidores en poco tiempo. Así que, si tiene una presencia sólida en Facebook o Twitter, le sugiero que los considere como una posible fuente de información o referencias en su búsqueda de empleo.

Incluso si usted no tiene mucha presencia en Facebook o Twitter, le sugiero encarecidamente que establezca una presencia en LinkedIn, que es principalmente un sitio de negocios que tiene grupos para industrias específicas. Por ejemplo, si usted es ingeniero, LinkedIn tiene un grupo específico para ingenieros. Si usted es un comerciante, LinkedIn tiene grupos específicos para profesionales del marketing. Estos grupos incluyen no sólo a las personas que buscan trabajo, sino también a los empleadores que buscan contratar a personas y a los reclutadores que buscan colocar a personas.

Otra ventaja de LinkedIn es que le ofrece la oportunidad de solicitar múltiples puestos de trabajo en poco tiempo. Ahorrará tiempo al no tener que escribir cartas de presentación. También ahorrará tiempo al no tener que llenar algunas de las tediosas solicitudes que se requieren en algunos de los sitios de búsqueda de empleo o de empresas individuales. De hecho, es posible que pueda solicitar hasta

20 puestos de trabajo en tan sólo 30 minutos (puede que sólo le lleve 30 minutos solicitar un puesto de trabajo en un sitio web de una empresa o en uno de los sitios de búsqueda de empleo de Internet). Dependiendo del tipo de trabajo que esté buscando, debe recordar que buscar trabajo a veces puede ser un juego de números. Cuantos más trabajos solicite, más posibilidades tendrá de conseguir un trabajo. LinkedIn es un gran medio para este enfoque y le animo a que lo utilice como tal.

Y, como se mencionó anteriormente, no ignore otras posibles fuentes de puestos de trabajo no anunciados. Esto incluye asociaciones de exalumnos o centros de carrera escolar y asociaciones u organizaciones profesionales. Y si ha establecido una o varias empresas objetivo, no dude en ponerse en contacto con ellas, aunque no estén anunciando ninguna vacante. Una empresa que no tiene vacantes hoy puede estar a sólo un día de tener una apertura o, mejor aún, puede tener una apertura que aún no ha anunciado.

Otro consejo más para empezar a buscar trabajo. Trate de no enfocarse en los rechazos o la falta de respuestas que recibe. Como se mencionó anteriormente, la búsqueda de trabajo es a menudo un juego de números y es más probable que usted obtenga una entrevista o un trabajo al solicitar muchos trabajos que si solicita sólo unos pocos trabajos. Tenía un amigo que, cuando buscaba trabajo, enviaba un currículum a la vez, esperando recibir una respuesta de esa solicitud antes de enviar otra solicitud. Cuando finalmente admitió que su proceso no tenía sentido, envió múltiples solicitudes al mismo tiempo, dándose cuenta de que nunca podría controlar si un posible empleador estaba interesado en él o no. Mi amigo finalmente se dio cuenta de que sólo hace falta un sí para compensar todos los rechazos y la falta de respuestas. Se dio cuenta de que no podía controlar los resultados, pero sí el proceso. Resolvió solicitar por lo menos 10 trabajos por día hasta que tuviera una oferta de trabajo aceptable. Al final, tuvo tres invitaciones para una entrevista en una semana. Y finalmente tuvo que elegir entre dos atractivas ofertas. Ese fue un buen problema y admitió más tarde que una vez que descubrió el proceso que necesitaba para conseguir un trabajo, los resultados siguieron rápidamente.

Capítulo 2 - Un currículum para vencerlos a todos

Creación de un súper currículum.

Si va a tener la oportunidad de conseguir el trabajo de sus sueños, su primera meta debe ser poner su "pie en la puerta". Si no puede conseguir una entrevista, no tendrá la oportunidad de conseguir el trabajo que quiere. Un currículum vitae de primera clase será una herramienta extremadamente importante para que usted lo utilice en la obtención de entrevistas.

Al desarrollar un currículum vitae, es importante recordar que la compañía o persona a la que le está enviando su currículum probablemente recibirá muchas solicitudes para el mismo trabajo y, para que tenga una oportunidad, su currículum tendrá que hacerle destacar entre los demás solicitantes.

Con esto en mente, aquí hay algunos pasos sencillos que puede utilizar para crear un súper currículum:

1) **Revise las muestras de currículum vitae.** Antes de que usted establezca su propio currículum, será beneficioso para usted saber cómo se ven otros currículums vitae. Usted encontrará muestras de currículum vitae por todo el Internet, incluyendo muestras de currículum vitae que están categorizadas de acuerdo con profesiones específicas, tales como publicidad, mercadeo, ventas, contabilidad, enfermería, secretariado, conserjería, etc.; casi cualquier profesión que usted pueda imaginar. Cuando revise estas muestras de currículum vitae, debe ponerse en el lugar de la persona que está contratando y decidir qué formatos de currículum vitae le interesarían si estuviera en la posición de contratante. Y tenga en

Prepara tu entrevista de trabajo

cuenta que los currículums vitae a menudo se adaptan a profesiones específicas. Por ejemplo, es probable que un currículum vitae para un puesto de publicidad esté configurado de forma diferente que un currículum vitae para un puesto de contabilidad. Una vez que tenga una idea de qué tipo de currículum quiere desarrollar, debería....

2) **Busque una plantilla de currículum vitae.** Una plantilla proporciona un enfoque de común para que usted lo utilice en el desarrollo de su currículum vitae. Proporciona un punto de partida para que usted lo utilice en la configuración de su currículum. Aunque lo más probable es que esté modificando o ajustando su currículum vitae para cada trabajo que solicite, la plantilla de currículum le proporcionará una estructura que podrá utilizar para asegurarse de que ha incluido toda la información pertinente en el currículum vitae. Hay toneladas de diferentes plantillas de hojas de vida gratuitas en Internet, incluyendo algunas opciones diferentes de Microsoft Word. Le sugiero que revise algunas plantillas diferentes y encuentre una que se ajuste a su personalidad y también al tipo de trabajo para el que está solicitando empleo. Una vez más, la profesión para la que está solicitando puede determinar cuán creativo querrá ser con el diseño de su currículum. Por ejemplo, se puede esperar que una persona que está solicitando un puesto de publicidad o artes gráficas tenga un currículum más atractivo visualmente que una persona que está solicitando un puesto de contable o de conserje. Si está buscando un sitio web que muestre una buena variedad de currículums de muestra para profesiones específicas, le sugiero myperfectresume.com, donde tienen ejemplos de currículums para muchas profesiones diferentes, que van desde servicios sociales hasta el transporte, pasando por la hostelería, la venta al por menor y la tecnología de la información. Casi cualquier categoría profesional que se pueda imaginar. Este sitio también ofrece algunas plantillas gratuitas para que usted las utilice en el desarrollo de su currículum.

3) Determine una fuente. Una vez que haya determinado la plantilla que va a utilizar para su currículum, debe determinar la fuente que desea utilizar para el currículum. Para aquellos de ustedes que no están familiarizados con lo que es una fuente, es simplemente el estilo de letra que usarán para las palabras de su currículum. Si está escribiendo su currículum en un documento de Microsoft Word, podrá elegir la fuente que desea utilizar. Al determinar el tipo de letra de su currículum, por favor, tenga en cuenta a la persona que está contratando. Siempre sugiero que la gente use fuentes simples y básicas para sus currículums, haciendo que sean tan fáciles de leer como sea posible. Usted no querrá usar un estilo tipográfico elegante en su currículum; esa no es una manera efectiva de destacar entre los demás solicitantes.

4) Añada su información de contacto. Obviamente, usted querrá incluir toda su información de contacto en su currículum vitae, incluyendo su(s) número(s) de teléfono, su dirección de correo electrónico, y por lo menos la ciudad y el estado donde vive. Algunos solicitantes elegirán incluir su dirección completa; otros no. De cualquier manera, el objetivo es que la empresa o persona que realiza la contratación pueda ponerse en contacto con usted fácilmente. Si tiene varios números de teléfono, le sugiero que les dé el número que contestará todo el tiempo. Lo mismo ocurre con las direcciones de correo electrónico. Si tiene varias direcciones de correo electrónico, debe asegurarse de que las da, debe darle sólo su dirección de correo electrónico preferida. Y luego asegúrese de que está revisando su teléfono y sus mensajes de correo electrónico todos los días. Yo tenía un joven al que estaba tutelando que no revisaba sus mensajes de correo electrónico todos los días y, como resultado, perdió una invitación a una entrevista para un trabajo que había solicitado. Si usted está solicitando trabajo, es importante que sea accesible para los posibles empleadores.

5) **Escriba su objetivo.** En o cerca de la parte superior de cada currículum vitae, usted debe escribir su objetivo al solicitar el trabajo. Esta es una parte de un currículum vitae que a menudo se personaliza, basado en las características específicas del trabajo para el que está solicitando. Con una o dos oraciones, usted enumerará por qué está solicitando el puesto. Por ejemplo, una mujer joven que estaba solicitando un puesto de marketing en una cadena de restaurantes enumeró sus objetivos de la siguiente manera: "Estoy buscando combinar mis tres años de experiencia en marketing con mis dos años de trabajo en una cadena de impresión franquiciada en una industria orientada a la hostelería." Como otro ejemplo, un hombre que busca trabajo como librero en Barnes & Noble enumeró sus objetivos profesionales de la siguiente manera: "He sido un cliente leal y frecuente de Barnes & Noble durante años. Como ávido lector, conozco muchos géneros de libros, y estoy interesado en usar mi pasión y mi conocimiento de los libros en una carrera como librero." Con su objetivo, usted le dirá al reclutador por qué está solicitando el puesto y también, con suerte, por qué es usted una persona idónea para ser contratada para ese puesto.

6) **Enumere los logros importantes y relevantes.** Con cualquier currículum vitae, será importante que enumere cualquier información que sea relevante para el trabajo que está solicitando. Esta información debe ser colocada en orden de relevancia para el puesto de trabajo. Una vez más, refiriéndose a la joven que solicitaba un puesto de marketing en una cadena de restaurantes, el hecho de que tuviera tres años de experiencia en marketing era obviamente relevante para el puesto para el que solicitaba. En la misma línea, como esa cadena de restaurantes era una cadena que tenía múltiples localizaciones franquiciadas, mencionó que tenía experiencia trabajando con una cadena franquiciada. Aunque su experiencia fue con una cadena de imprentas en franquicia en lugar de una cadena de restaurantes, se dio cuenta de que su experiencia en

trabajar con franquiciados de cualquier tipo bien podría ser beneficiosa o aplicable en el puesto para el que estaba solicitando.

7) Preste atención a la descripción del puesto y utilice las palabras clave de esta descripción en su currículum. Hay un par de razones por las que necesita referirse a palabras clave en la descripción del trabajo para cualquier trabajo que esté solicitando. En primer lugar, es posible que sepa o no que algunas empresas utilizan robots de software o programas de software para preevaluar las aplicaciones. Estos bots o programas de software están diseñados para buscar palabras clave que se aplican a la posición de trabajo vacante. Estos bots se utilizan para filtrar los currículums que pueden no pertenecer específicamente a la oferta de trabajo que se anunció. Algunas empresas están inundadas de currículums para ofertas de empleo y el uso de un programa de software ofrece a la empresa una forma de reducir la cantidad de currículums que son vistos incluso por la persona que está haciendo la contratación. Como estos bots están diseñados para buscar palabras clave que a menudo se incluyen en la descripción del trabajo, será importante que coloque algunas de estas palabras clave en su currículum. En segundo lugar, si la compañía o persona que realiza la contratación ha enumerado rasgos específicos o cosas que están buscando de un solicitante y estas cosas son aplicables a usted, entonces usted debe asegurarse de reforzar estas palabras clave al decirle al empleador potencial por qué usted sería adecuado para el trabajo. Por ejemplo, si el anuncio de trabajo dice que el empleador está buscando a un "individuo automotivado", puede mencionar en su currículum que, aunque usted puede tomar la dirección muy bien, también está automotivado hasta el punto en que puede tomar un proyecto y ejecutarlo. Al utilizar algunas de las palabras clave de las descripciones de los puestos de trabajo, no sólo les mostrará que ha leído su anuncio, sino que, lo que es más importante, que es la persona adecuada para el puesto de trabajo.

8) Optimizar y organizar la información. Siempre les digo a los solicitantes de empleo que limiten sus hojas de vida a dos páginas como máximo; posiblemente una página, dependiendo del trabajo que estén solicitando. Al organizar su información, es importante que coloque la información más pertinente cerca de la parte superior del currículum. Por ejemplo, si una persona ha estado trabajando durante 20 años y se graduó de la universidad hace 20 años, su formación académica probablemente va a ser mucho menos pertinente que su experiencia laboral. Por lo tanto, la información sobre educación debería aparecer más abajo en el currículum. O, si una persona está solicitando un trabajo de mercadeo en restaurantes, y ha tenido previamente un trabajo de mercadeo en restaurantes con otra compañía, aunque ese no haya sido su trabajo más reciente, podría ser apropiado listar esa experiencia en restaurantes más cerca de la parte superior del currículum que la experiencia laboral no relacionada con restaurantes.

Cómo adaptar su currículum a un trabajo específico.

Si desea aumentar las posibilidades de obtener una entrevista para los puestos de trabajo para los que está solicitando, es casi seguro que tendrá que adaptar su currículum vitae al puesto de trabajo específico para el que está solicitando. Si no lo hace, es probable que la compañía o la persona que está contratando presuma que usted no está muy interesado en su puesto de trabajo y que es probable que usted caiga hacia el fondo del montón de los currículos.

Una vez que tenga toda la información básica en la plantilla de su currículum vitae, será mucho más fácil adaptar esta información para que se ajuste a cualquier trabajo que esté solicitando.

Hay algunas maneras sencillas de personalizar su currículum vitae para que se ajuste al trabajo que está solicitando:

1) **Identifique las cosas que son importantes para el empleador.** Puede hacerlo leyendo la descripción del puesto. ¿Qué cosas dice el empleador que están buscando en un empleado? ¿Qué cualidades o rasgos aparecen cerca de la parte superior del anuncio? Es probable que éstas sean más importantes que las cualidades o rasgos que aparecen cerca de la parte inferior del anuncio. ¿El puesto de trabajo menciona algo varias veces o repetidamente? Si es así, esto es probablemente algo que es particularmente importante para el empleador.

2) **Una vez que haya identificado las cosas que parecen ser importantes** para el empleador en la lista de empleos, debe compararlas con las diversas cosas que aparecen en su currículum. Por ejemplo, si el puesto de trabajo enfatiza que quieren contratar a alguien que tenga habilidades de liderazgo, usted debe encontrar experiencias en sus antecedentes en las que usted tuvo que liderar a otros. Incluso si no ha mencionado previamente el liderazgo en su currículum vitae, debe revisar sus experiencias pasadas para ver si tuvo algún rol de liderazgo y, de ser así, agregar esas experiencias a su currículum vitae hecho a la medida. O tal vez el empleador está buscando contratar a alguien que sea una buena multitarea. ¿Tiene algún ejemplo que añadir a su currículum vitae que demuestre que usted es un multitarea capaz? Si es así, por favor enfatice esto en su currículum. No bastará con enumerar en su currículum vitae que usted es bueno para realizar varias tareas a la vez. La mayoría de los empleadores podrán ver a través de esto. Usted debe dar ejemplos específicos de su experiencia de multitarea. A la hora de adaptar su currículum, le conviene ser lo más específico posible. Si usted está entrevistando para una posición de ventas y ha tenido éxito previo en una posición de ventas, podría mencionar ese porcentaje de incremento en el porcentaje de ventas que tuvo en esa posición anterior. Si usted está siendo entrevistado para un puesto gerencial, podría mencionar que en su trabajo anterior tuvo una plantilla de 14

personas y/o que contrató y capacitó a cuatro nuevos empleados en ese puesto. Cuanto más específico sea, más creíble serás con los ejemplos que está dando.

3) **Agregar/eliminar/reordenar/modificar.** Al adaptar su currículum a un trabajo específico, es importante que sea flexible en la adaptación de su currículum. No dude en mover los elementos de su currículum, incluyendo el orden de los elementos mostrados. Si algo de tu currículum no es en absoluto pertinente con este trabajo, no dude en eliminarlo. Y si, en base a la descripción del puesto de trabajo, encuentras algún otro paquete de sus antecedentes que pueda ayudarle a conseguir una entrevista, deberías añadirlo a tu currículum. Una vez más, no quieres que tu currículum sea demasiado largo, así que, si está añadiendo algunos paquetes, puede borrar otros. Si no puede incluir toda la información que desea en el currículum vitae, podría considerar la posibilidad de incluir cualquier información adicional pertinente en su carta de presentación.

4) **Utilice el currículum vitae adaptado para prepararse para su entrevista.** Si tiene la suerte de conseguir una entrevista basada en su currículum personalizado, podrá usar esa información para determinar los puntos de discusión o los puntos de énfasis de su entrevista. Por ejemplo, si la persona que le entrevista le pide que les hable de usted mismo o que le diga por qué estás interesado en su trabajo, podrá usar esos puntos de discusión para responder a esas preguntas, sabiendo muy bien lo que es importante para ellos en su búsqueda de un empleado. En lugar de divagar sobre cosas que pueden no ser importantes para ellos, usted debería ser capaz de identificar las áreas en las que están interesados. Eso debería aumentar sus posibilidades de éxito en cualquier entrevista.

Cómo escribir buenas cartas de presentación.

Siempre que tenga la oportunidad, debe escribir una carta de presentación para acompañar su currículum. Las cartas de presentación le darán la oportunidad de expandirse e ir más allá de su currículum. El objetivo de una carta de presentación debe ser conseguir que la persona que la lea quiera revisar su currículum vitae y, con suerte, tener una idea rápida de por qué usted es un buen candidato para el puesto vacante. Aquí hay algunos consejos, técnicas y pensamientos al azar para escribir una carta de presentación efectiva. Aunque no todos estos consejos pueden aplicarse a su carta de presentación en particular, estas ideas le darán algunas cosas que debe considerar al redactar su carta.

1) Trate de limitar su carta de presentación a una página. Ciertamente, nunca más de dos páginas.

2) Si es posible, dirija la carta de presentación a la atención de la persona que está contratando. Si hace esto, asegúrese de tener la ortografía correcta de la persona cuyo nombre está usando. Usted puede decidir si quiere usar una referencia más formal como la Sra. o el Sr. Yo generalmente prefiero algo menos casual, como los nombres de pila. Sin embargo, si usted está usando un nombre de pila, probablemente debería hacer alguna investigación sobre el nombre con el que se conoce a la persona. Por ejemplo, ¿alguien llamado Charles se hace llamar Charles, Charlie, Chaz o Chuck? ¿James se hace llamar James, Jim o Jimmy? Si va a utilizar un nombre de pila, le sugiero que se asegure de su preferencia de nombre. Si no está seguro del nombre del arrendatario, una simple llamada telefónica a la recepcionista de la compañía debe proporcionarle la información necesaria. Simplemente dígales que desea enviar correspondencia a esta persona y averigüe cuál es su nombre preferido.

3) Su tono en una carta de presentación debe ser conversacional en lugar de formal. Mientras que su currículum debe ser formal, su carta de presentación debe ser mucho menos formal. Las cartas de presentación le ofrecen la oportunidad de "escribir entre líneas", diciéndole al lector quién es usted como persona, por qué está interesado en el trabajo que le ofrecen y por qué es usted un buen candidato para ese trabajo. Cuando esté escribiendo sus cartas de presentación, debe usar un tono de conversación. En otras palabras, escríbalo como lo diría, como si estuviera conversando con la persona que lo está leyendo. Al hacer esto, usted podrá demostrarle a su posible empleador que usted es mucho más que una lista formal de credenciales de currículum vitae.

4) Con su carta de presentación, tendrá que hacer algo más que simplemente resaltar o reescribir la información que incluyó en su currículum vitae.

5) Use su carta de presentación como una oportunidad para ampliar uno o más de los puntos de discusión de su currículum. Expanda por qué usted es la persona adecuada para el trabajo, tal vez destacando con más detalle algunas de sus experiencias o logros. Por ejemplo, si la descripción del puesto de trabajo de la empresa indica que es importante que el solicitante sea un emprendedor, debe destacar el hecho de que trabaja bien con o sin supervisión y que puede llevar un proyecto de principio a fin sin mucha supervisión. Si la empresa está buscando a alguien que pueda realizar varias tareas a la vez y trabajar en varios proyectos al mismo tiempo, debe resaltar cualquier experiencia pasada que haya tenido con ello. He aquí un extracto de uno de mis clientes, que estaba solicitando un trabajo de relaciones públicas que requería atención a múltiples proyectos al mismo tiempo: "La descripción de su trabajo indica que este puesto requerirá la capacidad de realizar varias tareas a la vez. Como asociado de relaciones públicas de IDQ, coordiné muchos proyectos al mismo tiempo, incluyendo el patrocinio de la carrera de botes de leche de la compañía, el apoyo de la compañía a la Fundación Nacional del Riñón en todo el sistema, la competencia juvenil de béisbol Run, Hit, and Throw de la compañía y la coordinación de conferencias de prensa anunciando la introducción del nuevo programa de alimentos institucionales de la compañía. Todos eran grandes programas de relaciones públicas que manejé con éxito". Como usted notará en este extracto, el solicitante ciertamente proporcionó la prueba de que podían manejar múltiples proyectos simultáneamente. Y me gusta el hecho de que fueron muy específicos al detallar esos proyectos. Mucho mejor que decir "soy capaz de hacer varias cosas a la vez" y dejarlo así.

6) Si es posible, su línea de apertura debe ser una que atraiga la atención del lector. Aunque es importante captar la atención del lector, no lo haría con el riesgo de ser cursi o trillado. Usted puede incorporar su experiencia, su pasión o sus logros pasados en la oración inicial. Por ejemplo, aquí están las primeras líneas de una carta de presentación que alguien escribió con una solicitud para un trabajo de librero en Barnes & Noble: "A lo largo de los años, he pasado mucho tiempo en su librería Barnes & Noble. Soy un ávido lector y me encanta el concepto de Barnes & Noble. Con esta pasión y conocimiento de los libros y con mi inclinación por un gran servicio al cliente, siento que seré un gran candidato para el puesto como librero". Con estas líneas de apertura, usted notará que el solicitante menciona el trabajo que está solicitando, felicita a la compañía, explica cómo encajará dentro de esa compañía con su pasión por los libros, y también detalla que es bueno en el servicio al cliente. En sólo tres frases, le ha dado al lector algunas razones por las que debería estar cerca de la parte superior de la pila de currículums.

Si no se le ocurre nada en particular que atraiga al lector, le sugiero que vaya con algo más genérico, como, por ejemplo: "Estoy muy contento de presentarme para su puesto de asociado de marketing en ABC Company. He leído algunos artículos sobre su empresa y he visitado el sitio web de su empresa y, con mi experiencia y entusiasmo, creo que puedo convertirme en un valioso activo allí".

7) Como usted notará en la oración anterior, el solicitante está describiendo lo que puede hacer por la compañía en lugar de lo que la compañía puede hacer por él. Debe evitar mencionar lo que la compañía puede hacer por usted, ya que la persona que está contratando ya sabe lo que la compañía puede hacer por usted.

8) En cualquier carta de presentación, usted debe describir las cosas que puede "aportar al equipo". ¿Cómo puede convertirse en un activo para la empresa que está contratando? Si usted tiene experiencia, conocimientos o pericia que le permitirán convertirse en un activo allí, debe mencionar esas cosas en su carta de presentación. Incluso si no tiene mucha experiencia que aportar, puede mencionar cosas menos tangentes como la energía, el entusiasmo, la pasión, la voluntad de aprender, la voluntad de trabajar duro, etc.

9) Si tiene números para probar su caso, úselos. Por ejemplo, un amigo mío que estaba solicitando un trabajo en ventas enumeró los números de su anterior trabajo en ventas en el que fue el mejor vendedor de una fuerza de ventas de 9. Sus ventas representaron el 36% de las ventas de la compañía, trajo el 20% de los nuevos clientes de la compañía y ganó el título de "Vendedor del Año" cada uno de los tres años que estuvo allí. Otro ejemplo, para alguien que estaba solicitando un puesto de supervisión en el que la persona responsable de contratar, capacitar y dirigir a un personal de unas 10 personas, la solicitante mencionó que había contratado y capacitado con éxito a un departamento de siete contadores o asistentes contables, y que su departamento tenía la tasa de rotación más baja de todos los departamentos de la empresa.

10) Testimonios. Si usted tiene testimonios o comentarios de sus habilidades o talentos, una carta de presentación es un buen lugar para usarlos. Volviendo a la ya mencionada supervisora contable, utilizó el siguiente testimonio en su carta de presentación. "Uno de los empleados que contraté y entrené me dijo que yo era el cuarto jefe que tenía y que yo era el primer jefe que se había tomado el tiempo con ella para hacer de ella una empleada valiosa. Más tarde se convirtió en la empleada del año de nuestro departamento y más tarde me dijo que la ayuda que le había dado tuvo un gran impacto en su carrera". Una vez más, estos testimonios son cosas que usted normalmente no incluiría en un currículum vitae, sin embargo, funcionan bien en las cartas de presentación y podrían ayudar a diferenciarlo de otros solicitantes y llevarlo a la cima de la pila de currículum vitae.

11) No tenga miedo de darse palmaditas en la espalda. Una carta de presentación es un buen lugar para anunciar sus objetivos o logros anteriores. Recuerde, si usted no se alaga durante el proceso de entrevista, nadie más va a hacer eso por usted.

12) Termine fuerte. Su frase o párrafo finales de su currículum será su última oportunidad de impresionar al lector. Asegúrese de terminar fuerte, reiterando posiblemente por qué le gustaría trabajar para la compañía, qué puede aportar a la empresa, o por qué sería una buena opción. Y de nuevo, si usted no tiene ningún activo tangible, tal vez porque está solicitando su primer empleo o porque es nuevo en la fuerza laboral, siempre puede prometer que está dispuesto a aprender o a trabajar duro para convertirse en un activo valioso de la compañía.

13) **Editar y revisar.** No hace falta decir que necesita revisar su carta de presentación (y currículum vitae) para ver si hay errores ortográficos, gramaticales y de puntuación. Conozco gente que contrata que descarta candidatos perfectamente buenos debido a errores ortográficos o gramaticales, incluso si la ortografía y la gramática no están relacionadas con la oferta de trabajo. Algunas personas ven estas áreas como descuido, falta de atención a los detalles, etc. Por lo tanto, le recomiendo que utilice el corrector ortográfico para revisar su contenido. Además, si usted conoce a personas que pueden leer su currículum vitae y carta de presentación para luego dar su opinión antes de que llegue al posible empleador, debe pedirles ayuda.

Una vez más, el objetivo de cualquier carta de presentación es conseguir que el lector lea el currículum vitae adjunto. El objetivo de un currículum vitae es conseguirle una entrevista. El objetivo tanto de la carta de presentación como del currículum vitae es separarle de todos los demás candidatos para la misma vacante. Tenga esto en cuenta cuando escriba su carta de presentación. Si es tan simple, que no causa impresión, es probable que no consiga una entrevista.

Capítulo 3-Adelante con una cartera en línea

Si quiere aumentar sus posibilidades de conseguir trabajos o proyectos, debería considerar tener una presencia en línea, si es que aún no la tiene. Si puede construir su propia marca personal en línea, podrá complementar cualquier currículum vitae o carta de presentación que envíe. Y puede hacerlo de forma muy económica, incluso de forma gratuita.

Antes de profundizar en lo que usted puede hacer para establecer una presencia en línea que le ayudará a conseguir el trabajo de sus sueños, vamos a discutir brevemente la presencia en línea que ya tiene, especialmente en lo que respecta a los medios de comunicación social.

Antes de que le embarque en su búsqueda de empleo, le sugiero que revise su presencia en los medios sociales y se asegure de que nada de esa imagen afecte su capacidad de conseguir un trabajo. No es ningún secreto que muchos empleadores lo buscarán en los medios sociales antes de extender una oferta de trabajo. He tenido clientes en busca de trabajo que han perdido oportunidades de trabajo debido a su presencia en línea. Uno de mis clientes era un recién graduado de la universidad cuya página de Facebook estaba llena de fotos de fiestas, algunas de las cuales le mostraban en lo que parecía ser un estado de ebriedad. Otro de mis clientes tenía una página en Facebook que estaba plagada de lenguaje inapropiado; otro tenía una página que estaba llena de chismes políticos. Ciertamente, estos artículos deberían haber sido limpiados antes de embarcarse en su búsqueda de empleo. Al buscar trabajo, debe suponer que su posible empleador comprobará qué tipo de presencia en línea tiene, incluyendo plataformas como Facebook, Instagram, Twitter, etc.

Además, probablemente le harán una búsqueda en Google para ver si hay alguna historia o borrosidad sobre usted en Internet. Puede haber cosas sobre usted en Internet que no pueda borrar o limpiar. Pero usted debe saber por lo menos qué información sobre usted está fácilmente disponible en Internet y, a continuación, si alguna de esa información es negativa, probablemente debería tener una explicación para esa información, ya que es posible que un posible empleador le pregunte al respecto. Tuve un cliente joven que fue arrestado por allanamiento de morada en una casa club de golf cuando tenía 17 años. Su nombre apareció en el periódico de la pequeña ciudad y esa información permanece en Internet y es algo que aún le persigue años después. Tiene un nombre inusual, así que no hay duda de que estuvo involucrado en el crimen. Por lo tanto, ahora está preparado para explicar este incidente si se le pregunta sobre él por parte de los posibles empleadores. La honestidad es su mejor política para explicar que fue un error tonto de la adolescencia que lamenta profundamente y que no repetirá.

Por lo tanto, la conclusión es que antes de comenzar su búsqueda de empleo, asegúrese de echar un vistazo a su presencia en los medios de comunicación social. Mírelo a través de los ojos de un posible empleador y asegúrese de que no le va a afectar negativamente. Si es así, corrija lo que pueda corregir y esté preparado para explicar lo que no pueda corregir.

Consejos para crear una cartera en línea que le permita ser contratado.

Ahora que ha revisado y filtrado la presencia en línea que ya tiene, puede seguir adelante y establecer una presencia que le ayudará en sus esfuerzos de búsqueda de empleo. Dependiendo de su profesión o del trabajo que quiera asegurar, tendrá que averiguar si quiere tener una presencia gráfica, una presencia escrita, o ambas. Si usted es un artista comercial, un fotógrafo, un diseñador gráfico, un decorador de pasteles, un planificador de eventos, esas son profesiones o vocaciones que conducen a una presencia visual en Internet. Si usted es un escritor independiente, un experto en presupuestos del hogar, o un consejero de relaciones, esas profesiones son propicias para una presencia escrita en Internet, posiblemente una presencia en un blog. LinkedIn es una plataforma orientada al negocio y al empleo que es probablemente el medio más popular para establecer una presencia profesional en línea. Discutiremos esa plataforma específicamente más adelante en este capítulo. Pero por ahora, me gustaría informarle sobre otras posibles formas de crear una presencia o marca profesional en línea.

1) **Sitio web.** Hoy en día, crear un sitio web sencillo es bastante fácil. No necesita ser un programador y debería ser capaz de configurarlo usted mismo si es un poco experto en tecnología. Los sitios tales como Squarespace, Wix, HostGator, y GoDaddy son todos los anfitriones del sitio web que tienen el sitio barato que recibe que se extiende en el precio de libre a $15 por mes, dependiendo de las características que usted desea. Todos estos sitios están dirigidos a los consumidores que desean crear sitios web sencillos y ofrecen instrucciones sencillas sobre cómo hacerlo. Al tener su propio sitio web personal, usted puede promover algunas de sus habilidades. Mi nuera es planificadora de bodas y tiene un sitio web sencillo que contiene fotos de las diferentes bodas que ha planeado a lo largo de los años. Este sitio web es vital para su negocio y ha obtenido numerosos eventos como resultado del sitio web. Tengo un cliente que es un artista gráfico que también tiene su propio sitio. En el sitio, ha publicado muestras de algunos de los proyectos que ha realizado y utiliza el sitio como un portafolio para sus talentos y habilidades. Aunque ahora trabaja por cuenta propia, antes utilizaba un sitio web similar para conseguir su trabajo como artista corporativo.

Si alguna de sus áreas de experiencia conduce a la representación visual, le sugiero que considere la posibilidad de crear su propio sitio web para promover y mostrar sus talentos. Al hacerlo, también debe asegurarse de que tenga una sección Acerca de usted en la que se habla un poco de usted mismo. Puedes usar esta página como una extensión de su currículum, aunque debería ser mucho menos formal y más conversacional. Puede transmitir toda la información que desee, pero debe recordar que sus espectadores serán los típicos navegadores web que pasarán una cantidad mínima de tiempo en cada página. Por lo tanto, no hay necesidad de escribir un libro sobre usted para esta sección del sitio web.

2) **Blogs.** Tal vez su área de experiencia es más verbal que gráfica. Si es así, podría considerar la posibilidad de crear un blog para promocionarse a sí mismo. Una vez más, hay muchas plataformas de blog baratas disponibles para usted, incluyendo Wix, Squarespace, y WordPress. Los cargos mensuales son muy nominales, y esta es una excelente manera de anunciar sus talentos y experiencia. Por ejemplo, tengo una amiga que es entrenadora profesional de perros. Escribe un blog mensual que incluye historias y consejos sobre entrenamiento de perros. Con su blog, se ha consolidado como una experta en la materia. Puede hacer lo mismo con su blog. Otra amiga mía es una escritora independiente que tiene muestras de unas 25 piezas diferentes que ha escrito en su blog. Por lo tanto, en la búsqueda de un trabajo, usted puede dirigir a un posible empleador a su sitio de blog y que será capaz de pasar tanto tiempo allí como les gustaría en la lectura de sus blogs.

Si no es un escritor competente de profesión, eso no debería desalentarle necesariamente de tener un blog, ya que puede contratar a escritores independientes que pueden hacer eso por usted, a menudo de forma económica. Upwork es una plataforma freelance en la que puede tener blogs escritos desde 15 a 50 dólares por blog. Al contratar a un trabajador autónomo, debe recordar que sólo pueden ser tan buenos como la información que usted les proporcione, por lo que debe estar preparado para proporcionarle un resumen de la información que desea que contenga el blog.

3) YouTube. Tal vez su talento o área de especialización se muestre mejor en formato de video. Si es así, debería considerar la posibilidad de publicar algunos videos cortos en YouTube. Tengo bastantes clientes que se han establecido como expertos en sus campos mediante la publicación de tutoriales en vídeo en YouTube. Conozco a dos personas que son gurús de la tecnología de la información que publican videoclips sobre cómo resolver diversos problemas informáticos para personas que no están orientadas a la tecnología. El tipo que repara mi pequeño motor (cortacésped, aspiradora) tiene una serie de videos tutoriales en Facebook, al igual que mi reparador de electrodomésticos. Con estos tutoriales, hay que señalar que no son necesariamente profesionales, como lo sería un infomercial de televisión. Estos tutoriales son simplemente hechos por una persona, sin equipo de producción. La información proporcionada es mucho más importante que la calidad de la producción y estos videos cortos establecen a los creadores como expertos en su campo. Usted puede hacer lo mismo al establecerse como un experto en su campo y esto definitivamente puede ayudar en la búsqueda de un trabajo.

Cuando un posible empleador está buscando candidatos para un puesto de trabajo, usted podrá saltar a la parte superior de la pila de currículos si puede demostrarles que es un experto en su campo o que es bueno en lo que hace. Como puede descubrir en su propia búsqueda de empleo, conseguir el trabajo de sus sueños a menudo implica mucho más que tener un currículum vitae y una carta de presentación. Usted querrá asegurarse de tener una presencia profesional en Internet.

Lo que hay que saber para crear un perfil de LinkedIn irresistible.

Si busca un empleo o quiere aumentar su visibilidad profesional o establecer su marca profesional, usar LinkedIn es una necesidad. LinkedIn es el mayor sitio de redes profesionales en línea. Es una plataforma que muchos empleadores y reclutadores utilizan para conseguir candidatos. Una plataforma orientada a los profesionales, LinkedIn ofrece a los profesionales la oportunidad de establecer contactos, buscar ofertas de trabajo o candidatos para un puesto de trabajo, y para que los miembros muestren sus habilidades profesionales, talentos, objetivos y logros.

He recopilado algunos consejos sencillos y técnicas que puede utilizar para establecer una presencia de primera clase en LinkedIn. Esta información debería ser beneficiosa para usted a la hora de crear o mejorar su perfil en LinkedIn.

1) **Cuanto más completo, mejor**. Al establecer su perfil en LinkedIn, deberá asegurarse de completar cada sección del perfil. Es probable que un posible empleador desapruebe a un candidato que no tenga un perfil completo. Y al completar su perfil, asegurase de decirle a la gente cuáles son sus habilidades y dónde ha trabajado.

2) **Use un tono de conversación, apasionado y optimista**. Con la información que incluya en su perfil de LinkedIn, siempre debe

usar un tono conversacional, algo casual. Con suerte, podrá transmitir algo de su personalidad con su perfil en LinkedIn. Recuerde que cualquier posible empleador estará mirando numerosos perfiles y usted querrá asegurarse de que esta persona tenga una idea rápida de su personalidad mientras lee su perfil. Siempre usa la primera persona (yo) cuando se refiera a sí mismo. Y asegúrese de mostrar su entusiasmo o pasión hacia lo que hace o lo que quiere hacer. Por ejemplo, con mi amigo que buscaba un trabajo de librero, incluyó su pasión en su perfil: "Me encantan los libros. Me encanta leerlos, me encanta discutirlos, me encanta compartirlos con los demás, y estoy seguro de que me encantará venderlos". Con sólo esta breve declaración, el lector comprende rápidamente que esta persona es un amante de los libros. Su pasión se nota inmediatamente.

3) **Muestre los números si los tiene.** Además de mostrar pasión, muestre números. A los posibles empleadores a menudo les gustan los números, algo tangible para evaluar sus habilidades. Si usted es un artista gráfico, puede mencionar que ha realizado más de 400 proyectos para más de 70 clientes diferentes. Y que la tasa de retención de sus clientes es superior al 95%. Si usted está en el negocio de la publicidad, podría mencionar que una de las campañas publicitarias que diseñó produjo un aumento del 300% de las ventas cuando la meta había sido un aumento del 25%. Cualquier cosa que pueda hacer para correlacionar los números tangibles con sus logros le hará ver mejor a los ojos de cualquier persona que pueda estar interesada en contratarlo.

4) **Usa una gran foto tuya.** Aunque esto pueda parecer obvio, algunas personas cometen el error de no publicar una buena foto junto con su perfil. En su foto, usted debe estar vestido apropiadamente para su posición o la posición que le interesa. Y, si puede, será bueno si puede usar una foto que lo muestre en acción.

Por ejemplo, si usted tiene experiencia como orador invitado y tiene una foto suya hablando con una audiencia, eso puede ser preferible a una simple foto. O si usted es un abogado corporativo, puede poner una foto de su reunión con un cliente o dentro de un tribunal.

5)   Escribe un titular que llame la atención. Una vez más, recordando que cualquier posible empleador estará buscando en múltiples perfiles, será importante para usted para captar la atención del espectador tan pronto como sea posible, con la esperanza de que con un titular que llame la atención. Por ejemplo, una amiga mía que es escritora independiente y que ofrece una rápida respuesta ha utilizado un titular de "La pluma más rápida de Occidente" para su perfil. Cualquier cosa que pueda hacer para separarse de otros candidatos le dará una mejor oportunidad de conseguir el trabajo que está buscando.

6)   Añade multimedia a tu perfil. Los perfiles de LinkedIn le ofrecen la oportunidad de "mostrar y contar" sus talentos, habilidades, experiencias y logros. Cualquier muestra que usted pueda mostrar para decirle a los posibles empleadores por qué usted es la persona para el trabajo o por qué es un experto en su campo aumentará sus posibilidades de conseguir el trabajo de sus sueños. Y, como todos sabemos, a la gente le encantan los acompañamientos visuales. Con esto en mente, deberías ver si puede mejorar su perfil de LinkedIn añadiendo acompañamientos como fotos, videoclips, blogs o presentaciones de diapositivas. Una vez más, todo esto debe estar relacionado con su carrera profesional, con el objetivo de mostrar sus talentos o experiencia. En la mayoría de los casos, estos asistentes visuales deben colocarse en el área de resumen de su perfil.

También puede mejorar su perfil proporcionando enlaces a cualquier artículo sobre usted o fotos suyas en Internet, incluso si es sólo una mención a un logro profesional. Si usted ha sido empleado de una empresa que no es muy conocida, también puede proporcionar un enlace al sitio web de esa empresa, para que el posible empleador pueda hacerse una idea de para quién trabajaba. Al proporcionar enlaces a sus logros profesionales o a sus lugares de trabajo anteriores, también estará dirigiendo cualquier búsqueda que los posibles empleadores puedan estar haciendo sobre usted.

7) **Conexiones**. Con su perfil de LinkedIn, también debe saber que será importante para usted tener un número significativo de conexiones. Como regla general, debe intentar tener al menos 50 conexiones. Cualquier cosa menos que eso puede ser una señal de alarma para los posibles empleadores que pueden pensar que es un ermitaño, que es antisocial o simplemente que no está interesado en conectarse con otros, que no está orientado a la tecnología o a los medios de comunicación social, o que simplemente no es un candidato viable. Al establecer conexiones, debe recordar que no es una competencia para ver quién tiene más conexiones, sin embargo, usted quiere al menos tener suficientes conexiones para establecer su credibilidad. No añada gente que no conoce. Si tiene suficientes personas que rechazan sus solicitudes de conexión porque dicen que no le conocen, LinkedIn se reserva el derecho de cerrar su perfil.

8) **Mantenga su búsqueda de trabajo confidencial.** Si usted tiene un trabajo actual, es posible que no quiera que su empleador actual sepa que está buscando otro trabajo. Si este es el caso, puede utilizar la configuración de privacidad de LinkedIn para asegurarse de que su empleador actual no sabe que está buscando otro trabajo.

9) **Asegúrese de que la gente sepa cómo encontrarle.** Sólo un recordatorio rápido para asegurarse de que su currículum incluya su información de contacto. (dirección de correo electrónico, apodo de

Twitter, blog, etc. -algún lugar donde se revisan los mensajes, al menos diariamente.) Le sorprendería saber cuánta gente olvida incluir esta información simple y pertinente en su currículum.

10) Solicite recomendaciones. Será importante que usted tenga las recomendaciones de sus socios comerciales actuales y anteriores. No sea tímido a la hora de pedir a sus contactos que den su testimonio. Y si tiene un área o tema en particular para el que le gustaría que le dieran el testimonio, no dude en decirles qué tema le gustaría que abordaran. Y, recuerda, puede controlar/seleccionar las recomendaciones que aparezcan en su perfil. Por lo tanto, usted puede usar estas recomendaciones para mostrar cualquier área de fortaleza o experiencia en la que esté interesado, y puede cambiarlas continuamente a medida que ajusta sus preferencias.

11) Grupos. Una de las mejores características de LinkedIn es que tiene grupos de LinkedIn que pueden ser invaluables para ayudarle a asegurar un trabajo dentro de su industria. Al unirse a grupos relacionados con su industria o profesión, podrá demostrar que está involucrado y comprometido en esa industria y podrá conectarse con personas que tienen acceso a información sobre ofertas de empleo, tendencias de la industria o temas de conversación, etc. Estos grupos de LinkedIn ofrecen oportunidades continuas y en línea que usted puede utilizar en su búsqueda de empleo.

12) Incluya siempre el listado actual de trabajos, incluso si está desempleado. Como la mayoría de los posibles empleadores sólo utilizan el cuadro de título actual en LinkedIn para buscar candidatos, es importante que enumere una posición actual en la sección de experiencia de su perfil. Si usted está desempleado, simplemente debe listar su posición más reciente o la posición o campo que está buscando y luego seguir con una descripción adicional del título en el cuadro de nombre de la compañía. A modo de ejemplo, puede enumerar lo siguiente: Estudiante graduado/especialización en marketing. Liste eso en la caja de título del trabajo actual. Y luego, en el cuadro de nombre de la empresa, escriba "En transición" o "Buscando oportunidades de carrera". De cualquier manera, es importante asegurarse de no dejar vacío el cuadro de trabajo actual, para que los empleadores que estén buscando sólo la sección del cuadro de título actual puedan acceder a su perfil.

Cómo un blog puede impulsar su carrera.

Anteriormente en este capítulo, mencioné que tener un blog puede ser una excelente manera de colocarse por encima de la multitud de candidatos en sus esfuerzos por encontrar un trabajo. Ahora voy a explicar por qué un blog puede ser una herramienta importante para ayudarte a conseguir el trabajo que quieres conseguir.

Los blogs pueden ser usados para complementar su currículum. A pesar de que un currículum resume sus experiencias previas de trabajo y educación, se puede usar un blog para ampliar esa información. Como los currículos son algo restrictivos en cuanto a la cantidad de información que pueden contener, los blogs le permiten mostrar sus conocimientos y experiencia. Ellos pueden proporcionar a los posibles empleadores una mejor visión de quién es y cuáles son sus talentos y habilidades.

Los blogs le permiten establecerse como un experto o líder en su campo. También proporcionan un excelente medio para que usted construya y promueva su marca personal. Al tener un blog, también establecerá el hecho de que tiene una huella digital: es un experto en

Internet y en los medios sociales y sabe cómo usar la tecnología para promocionarse y llegar a los demás. Un blog también mostrará que tiene pasión y orgullo por su carrera o profesión.

Como los currículums y las cartas de presentación están tradicionalmente restringidos a dos páginas o menos, los blogs son una excelente forma de exponer su experiencia y transmitir su identidad a los posibles empleadores. Los empleadores y los reclutadores siempre están buscando maneras de diferenciar a los candidatos de trabajo entre sí.

Al establecer un blog, le sugiero que tenga por lo menos tres o cuatro blogs disponibles para leer inmediatamente después de iniciar sus blogs. Un blog no es suficiente para dar al lector una idea de sus áreas de experiencia. Usted querrá por lo menos unos cuantos blogs para retener al lector. Y luego, después de sus publicaciones iniciales, le recomendaría que agregara un nuevo blog por lo menos una vez al mes, ojalá a la misma hora cada mes. Idealmente, usted tendrá un mecanismo de registro en su sitio de blog que le permite enviarles notificaciones sobre cuándo sus blogs están disponibles en su sitio web. La longitud media de un blog oscila entre 500 y 1000 palabras, aunque sin duda puede utilizar cualquier longitud para sus blogs. Una vez más, si usted no es un escritor competente, pero tiene información valiosa para difundir, siempre puede contratar a un escritor independiente para que escriba sus blogs por usted. Esto se puede hacer de manera económica. Si estás contratando a un freelance para que escriba su blog, debe recordar que un freelance sólo es tan bueno como la información que le proporcione a él o ella.

Seis Fabulosas Herramientas para Ayudarle a Armar su Portafolio en Línea.

Aquí hay algunas herramientas adicionales para que usted las utilice en el desarrollo de su portafolio en línea. Hemos mencionado algunas de estas herramientas antes; otras pueden ser nuevas para usted.

1)   **LinkedIn**. Ya hemos discutido esto en profundidad, pero quiero volver a mencionarlo, porque es una herramienta vital para que usted la utilice en el establecimiento de su portafolio en línea. Puede agregar imágenes, vídeos, audios y archivos. Y es gratis.

2)   **Vizualiza.me.** Una sólida plataforma que le permite elegir entre una multitud de temas y estilos diferentes para hacer una crónica de su carrera en formato visual. Se conecta a LinkedIn.

3)   **Sitios web personales.** Muchos conceptos de sitios web para elegir, incluyendo Weebly, Wix, Squarespace, GoDaddy y HostGator. Estos sitios, que son gratuitos o están disponibles a un precio nominal, permiten a los profesionales construir sus propios sitios personales de forma rápida y sencilla. La mayoría de estos conceptos tienen muchas plantillas y estilos diferentes para que usted pueda elegir en el diseño de un sitio que se adapte a usted, su personalidad y su experiencia.

4)   **About.me.** Este sitio ofrece una manera simple para que cualquiera pueda construir una página de presentación que incluya imágenes y texto breve.

5)   **Sitios de blogs.** WordPress, Squarespace, y Wix están entre los sitios que son especiales en blogs personales. Todos ofrecen diferentes plantillas de diseño para que usted elija.

6) PortfolioBox. Esta es una plataforma de diseño de portafolio que funciona particularmente bien para profesionales que tienen una gran cantidad de elementos visuales para mostrar. Esto incluye fotógrafos, diseñadores gráficos y artistas, que pueden mostrar muchas muestras de sus trabajos en la plataforma. Miles de temas para elegir. Optimizado para la visualización en smartphones y tabletas. También es ideal para otros profesionales de negocios que tienen mucho visual para mostrar.

Como puede ver, hay muchas herramientas y plataformas diferentes disponibles para que usted pueda establecer una presencia profesional en línea que complemente su currículum. Si desea llegar a la cima del grupo como candidato a un puesto de trabajo, la mejor manera de asegurarse de ello será establecer una presencia impresionante en línea, donde podrá transmitir sus talentos y habilidades a un posible empleador que esté buscando encontrar la diferencia entre todos los candidatos a un puesto de trabajo.

Capítulo 4-Redes para el éxito

Antes de que entendiera completamente el concepto de trabajo en red, era reacio a hacerlo. Siempre tuve la idea de que, si trabajaba en red, me vería como una persona egoísta, insistente e incluso molesta. Pero entonces un amigo mío puso el networking en una perspectiva diferente para mí, diciéndome que el networking es simplemente el concepto de mantener los ojos abiertos y construir una mejor relación siempre que sea posible, con la gente que conozco y también con la gente que no conozco. Sin lugar a duda, el trabajo en red puede ser uno de los medios más eficaces para conseguir un empleo.

Los fundamentos del trabajo en red.

Así como el mantra de los bienes raíces exitosos es "ubicación, ubicación, ubicación", el mantra de las redes exitosas es "conectar, conectar, conectar". Puede que no se dé cuenta, pero ya tiene su propia red. Ya sean sus socios de negocios, sus viejos amigos de la escuela secundaria y de la universidad, los padres de los compañeros de escuela de sus hijos, las personas que están en su grupo de voluntarios, o las personas con las que juega a recoger baloncesto, todas estas personas son personas que podrían ayudarle a conseguir su próximo trabajo.

Es importante recordar un par de cosas con respecto al trabajo en red. En primer lugar, debe saber que la gente prefiere hacer negocios con personas con las que tiene algún tipo de conexión. Los currículos y las cartas de presentación son importantes, sin embargo, a menudo son demasiado impersonales para conseguir que alguien le contrate. Segundo, como hemos mencionado antes, la mayoría de los listados de trabajo tienen muchos candidatos. Con esto en mente, usted necesitará un punto de diferencia que lo sitúe por encima de las demás personas que solicitan el mismo trabajo. Por último, debe tener en cuenta que muchos puestos de trabajo no se anuncian. El trabajo en red puede resultar en oportunidades de empleo que no obtendrá a través de los canales regulares de búsqueda de empleo. Tal vez estos trabajos nunca serán anunciados o tal vez aún no lo hayan sido y usted obtendrá un salto en la publicación de trabajos.

Antes de comenzar a trabajar en red, debe hacer una lista de las personas de su red. Al hacer esto, seguramente encontrará que esta lista es mucho más grande de lo que pensaba que sería. En la lista de sus contactos, debe incluir familiares, amigos, vecinos, compañeros de trabajo y colegas, compañeros de escuela secundaria y universitaria, contactos de medios sociales, contactos por correo electrónico y conocidos ocasionales. Y no olvide a otras personas con las que usted hace negocios regularmente, incluyendo a su médico, su dentista, su tintorería, su farmacéutico, su instructor de yoga, su arrendador, su contador, etc. De la misma manera, no olvide a otras personas con las que tenga contacto regularmente, incluyendo miembros cívicos, miembros de clubes de salud, miembros de grupos de voluntarios, miembros de la iglesia, etc.

Recuerde siempre que cada miembro de una red tiene la capacidad de proporcionar información invaluable sobre una vacante de trabajo o puede que conozca a alguien que le pueda ayudar. No ignore a nadie. Un cliente mío, que es ejecutivo de marketing de restaurantes, se enteró por primera vez de la oferta de trabajo que ahora tiene a través de su tintorería. Sí, los tintoreros y los ejecutivos de marketing probablemente se mueven en círculos diferentes, sin embargo, la tintorería tenía un cuñado que trabajaba para una cadena de restaurantes que se estaba preparando para anunciarse para un puesto de marketing. El trabajo en red entre el ejecutivo de marketing y la tintorería fue claro y sencillo. Cuando la tintorería le preguntó al ejecutivo de mercadeo cómo le estaba yendo, el ejecutivo de mercadeo mencionó que estaba entre trabajos y que estaba buscando un trabajo de mercadeo en un restaurante. Irónicamente, el cuñado de la tintorería trabajaba para una cadena de restaurantes y así es como comenzó la red de contactos. La tintorería llamó a su cuñado, confirmó la apertura de la que había oído hablar cuando visitaba a su cuñado, confirmó la apertura y luego puso en contacto a su cliente de tintorería (el ejecutivo de marketing del restaurante) con su cuñado. La bola empezó a rodar, y tres semanas después, después de tres entrevistas, el ejecutivo de marketing tenía un trabajo que había estado buscando.

Al poner a la gente en el modo de trabajo en red, siempre los animo a que desarrollen una mentalidad de trabajo en red. Les digo que "mantengan sus ojos y sus mentes abiertas", que supongan que cualquier persona con la que se encuentren puede proporcionarles información que les ayude a conseguir su próximo empleo. Y usted debe enfocar el trabajo en red como un concepto que es divertido, incluso si tiene una agenda. Si consideras que el trabajo en red es una carga, no lo vas a hacer. Pero si entras con una actitud positiva, descubrirás que disfrutas conectando o reconectando con la gente. Además, si usted está desempleado o empleado en un trabajo que no le gusta, se beneficiará del sistema de apoyo que ofrece la red. Buscar un buen trabajo a menudo puede ser deprimente y usted disfrutará del aliento y el apoyo emocional que puede obtener del trabajo en red.

Si va a ser un buen networker, no puede ir por la vida con las anteojeras puestas. Tendrá que considerar a casi todas las personas que conozca como candidato para que le ayuden en su búsqueda de empleo.

Sí, hay un arte en pedir ayuda. Muchas de las interacciones diarias que tenemos son muy breves y tendrá que encontrar una manera de pedir ayuda sin parecer agresivo o demasiado agresivo. Tendrás que encontrar un estilo que se adapte a su personalidad, pero puede hacerlo con práctica.

Al pedir información o pistas de trabajo, debe recordar que a la mayoría de las personas les encanta ser útiles. Se siente bien ayudar a otros; usted encontrará que la gente estará encantada de ayudarle si pueden. Cualquiera que haya ayudado a otra persona se da cuenta de la satisfacción que usted puede recibir al hacer eso. Además, recuerde que a la gente generalmente le encanta dar consejos y que le gusta que se le pida que dé consejos. Es natural que a la gente le guste ser reconocida por su experiencia y por su potencial para ayudar a los demás.

Ya sea que usted esté desempleado, atrapado en un trabajo de mierda o en un trabajo mal pagado, debe recordar que, en un momento u otro, sus contactos de la red probablemente han estado en la misma posición. Serán comprensivos con su situación y, como resultado, serán rápidos para ayudar si pueden.

Y recuerde, el trabajo en red es una vía de doble sentido. Si usted va a pedir ayuda, también debe estar preparado para ayudar a la persona que le está pidiendo ayuda. Hay un viejo dicho: "Si me rascas la espalda, yo te rascaré la tuya". Es un dicho que describe el concepto de trabajo en red. El trabajo en red no se trata sólo de ayudarse a sí mismo. También se trata de ayudar a los demás. Como dice otro dicho: "Da y recibirás".

Después de que haya armado su lista de contactos, es hora de que empiece a "trabajar" en esa lista. Si está buscando ayuda para encontrar trabajo en la red, tiene sentido que informe a la mayor cantidad de gente posible sobre su búsqueda de empleo. Por supuesto, si ya tiene un trabajo y estás buscando otro, lo más probable es que debas tener algo de discreción al anunciar el hecho de que está buscando un nuevo trabajo. Usted podría perjudicar sus posibilidades de mantener su trabajo actual si se está anunciando abiertamente para otro trabajo. Pero si estás desempleado y se das cuenta de que no habrá ninguna consecuencia negativa en la publicidad de que está buscando un nuevo trabajo, le sugiero que empiece a contactar con la mayor cantidad de gente posible tan pronto como puedas. Por favor, recuerde que nadie puede ayudarle a encontrar un nuevo trabajo si no sabe que usted está buscando uno.

Debería idear un plan de juego sobre cómo va a pedir ayuda a su red. Si usted está desempleado, podría considerar informar a su red de su búsqueda publicando una nota en sus plataformas de medios sociales. Puede hacer lo mismo con su lista de contactos de correo electrónico. Y, con algunas personas, querrás ponerte en contacto con ellas personalmente llamándolas, enviándoles mensajes o conectándote con ellas por cualquier medio posible.

Al solicitar ayuda para conseguir un trabajo, cuanto más específico sea, mejor será su situación. En lugar de la vieja línea de "hazme saber si sabes de algo", debería ser más específico al pedir ayuda. Si está buscando un trabajo de contabilidad en una gran empresa de contabilidad, debe mencionarlo. Si está buscando un puesto de marketing en una cadena de restaurantes o en una cadena de franquicias, debería mencionarlo.

Y siempre mantenga su red actualizada sobre su progreso en la obtención de un trabajo, especialmente aquellos que tratan de ayudarle en sus esfuerzos. Hágales saber si usted obtuvo una entrevista o un trabajo como resultado de la información que le ofrecieron. Siempre agradece a sus contactos, sin importar el resultado y si obtuviste o no la entrevista o el trabajo. Tengo un número de clientes que actualizan semanalmente a sus contactos de su progreso a través de un correo electrónico. Uno de esos clientes incluso ha establecido un tema para sus actualizaciones. Ella lo llama "Encontrar un trabajo para Lisa" y envía una actualización humorística y desenfadada a su cadena todas las semanas. Al hacer esto, sigue recordando a sus contactos su búsqueda de trabajo y también les hace invertir en sus esfuerzos y éxito en la búsqueda de un trabajo.

Siempre advierto a la gente que no se conviertan en redes de "atropello y fuga" o en redes de "aquí hoy, mañana no". Es importante seguir trabajando en red incluso después de conseguir un trabajo. Una vez más, el trabajo en red es una vía de doble sentido y si alguien es útil, no debe simplemente tomar su ayuda y huir. El objetivo es seguir trabajando en red, ya que nunca se sabe cuándo será necesario volver a utilizar la red. Además, usted debe ofrecerse a reciprocar cualquier ayuda que reciba. Si alguna vez puede ayudar a alguien en su red, debe hacerlo. Y, por supuesto, no olvide agradecer a las personas que le ayudan de cualquier manera.

Otra cosa que me gustaría mencionar con respecto a los fundamentos del trabajo en red. Usted debe priorizar sus contactos y luego decidir a quién va a usar como referencia. Al seleccionar posibles referencias de trabajo y personales, obviamente debe asegurarse de que le den una referencia que le permita asegurar el trabajo que espera conseguir. Tuve un cliente que tuvo dificultades para conseguir un trabajo hace unos años. Pasó por varias entrevistas, pero nunca pudo conseguir el trabajo. En algunas de las entrevistas, incluso llegó a la etapa en la que el posible empleador llamaba a sus referencias. Finalmente, mi cliente llamó a uno de los empleadores con los que se había entrevistado y les preguntó por qué no había recibido la oferta de trabajo que se esperaba. El empleador insinuó fuertemente que mi cliente necesitaba revisar sus referencias. Más tarde, mi cliente se dio cuenta de cuál de sus referencias había estado proporcionando referencias "menos que brillantes" y, de hecho, había saboteado la búsqueda de empleo de mi cliente. Hasta el día de hoy, mi cliente aún no está seguro de si estas referencias mediocres o negativas fueron intencionadas o no. Pero rápidamente borró esta referencia de su lista a medida que avanzaba en su búsqueda de empleo.

A medida que se embarca en su búsqueda de empleo, debe asegurarse de preguntar a sus posibles referencias si responden por usted. Con una llamada telefónica o una reunión personal, puede decirles lo que está buscando y cuáles son los puntos que le gustaría que destacaran para que le sirvieran de referencia. Además, es posible que desee mantenerlos informados enviándoles copias de su currículum vitae y cartas de presentación, de modo que pueda asegurarse de que estén al día con sus esfuerzos de búsqueda de empleo y también para conseguir que se inviertan más en su búsqueda de empleo. Ya sea que le envíe un currículum o no, es importante que mantenga sus referencias al día con respecto a su búsqueda de empleo.

Diez preguntas para establecer contactos.

Si es nuevo en el networking o si no se siente cómodo para hacer networking, he enumerado algunas preguntas que podría hacerle a la gente con la que estás haciendo networking. Cuando la gente me pregunta sobre las mejores formas de establecer contactos, siempre les digo que lo más importante que hay que hacer para hablar con otro miembro de la red es "estar comprometido". No, no estoy hablando de una posible situación matrimonial, pero le estoy animando a "estar interesado" en la conversación que está teniendo. Dele a la persona a la que está hablando toda su atención. Hace algunos años, asistí a un evento para establecer contactos con un amigo mío y me sorprendió observar que mi viejo amigo estaba haciendo un mal trabajo para conectarse con la gente con la que hablaba. No estaba haciendo contacto visual y miraba por encima del hombro de la persona con la que estaba hablando (tal vez tratando de identificar a la persona con la que hablaría a continuación). En general, parecía estar muy desinteresado y distraído. Definitivamente no estaba interesado en la conversación que estaba teniendo y estaba seguro de que la gente con la que hablaba se dio cuenta de su falta de compromiso.

Después del evento de networking, le mencioné mis observaciones a mi amigo, a quien siempre he pensado que tenía un corto período de atención. Se sorprendió de que yo hubiera notado esta deficiencia y decidió cambiar su modo de operación. Meses más tarde, cuando él y yo hablamos, me dijo que había asistido a dos eventos de networking subsiguientes y que se había esforzado por dar a la gente a la que hablaba toda su atención. Se alegró de decirme que ya se había dado cuenta de que estaba teniendo más éxito como miembro de la red. Así que, en resumen, cuando esté trabajando en red, asegúrese de que está comprometido con la gente con la que está hablando.

Estas son algunas de las preguntas que puedes usar cuando estés trabajando en red con personas que no conoces:

1) **¿A qué te dedicas?**
2) **¿Lo disfruta?**
3) **¿Cómo se metió en eso? ¿Tenía experiencia previa? ¿Estudio eso?**
4) **¿Para qué compañía trabaja? ¿Cuánto tiempo lleva trabajando para ellos? ¿Es un buen lugar para trabajar?**
5) **¿Cuál es su parte favorita de su trabajo? ¿En qué proyectos está trabajando ahora?**
6) **¿Qué es lo siguiente para usted? ¿Alguna meta u objetivo profesional?**
7) **¿Qué le gusta hacer fuera del trabajo? ¿Algún interés o pasatiempo?**
8) **¿Hace mucho trabajo en red?**
9) **¿Quiere mantenerse en contacto?**
10) **¿Cómo puedo ayudar?**

Me encanta la actitud de "¿Cómo puedo ayudar?". Hay un popular programa de televisión en la NBC llamado "New Amsterdam" en el que el jefe del hospital de New Amsterdam ha adoptado el mantra "How Can I Help" (¿Cómo puedo ayudar?) en sus interacciones tanto con el personal como con los pacientes. En lugar de simplemente decirle a la gente lo que tiene que hacer, él siempre les pregunta cómo puede ayudar. Las personas con las que está en contacto seguramente apreciarán su oferta para ayudarles en sus carreras y probablemente causarás una gran impresión si puede adoptar esta actitud. Sin embargo, por favor asegúrese de ser sincero con su oferta de ayuda. Y si usted se ofrece a hacer algo por un compañero en la red, debe asegurarse de cumplir sus promesas. Las promesas vacías o la palabrería sin el seguimiento de estas se asegurarán de empañar su reputación como miembro de una red de contactos.

Al hacer preguntas a otros miembros de la red, usted encontrará rápidamente que a la mayoría de las personas les gusta hablar de sí mismos. Y, al hacer preguntas, no tenga un conjunto firme de preguntas para hacer cada una de las personas con las que hable. Siga el flujo de la conversación y deje que la dirección de la conversación lo lleve a donde lo lleve. Un amigo mío era miembro de un sitio de citas y recientemente tuvo su primera y única cita con una mujer que sacó una serie de preguntas escritas para hacerle. En última instancia, se sintió muy incómodo con la situación y dijo que sentía que estaba siendo interrogado. No querrá hacer esto cuando esté trabajando en red. Deje que la conversación le lleve a donde le lleve. Recuerde, el trabajo en red debe ser una actividad casual, no un interrogatorio.

Al hacer preguntas a otros miembros de la red, rápidamente se dará cuenta de que hacer preguntas pronto será algo natural. Y, lo más probable es que, si se convierte en un profesional de la red, también será muy bueno para hacer preguntas a los posibles empleadores durante las entrevistas. Una vez más, recuerde que a la gente le gusta hablar de sí misma y si usted puede hacerles las preguntas correctas, a menudo encontrará que la gente pensará que tuvieron una gran conversación, incluso si ellos fueron los que más hablaron.

Cómo trabajar en red si es un introvertido.

Los estudios muestran que alrededor de un tercio de todas las personas pueden ser clasificadas como introvertidas. Si usted es introvertido, es posible que no desee establecer contactos. Pero, a pesar de sus preocupaciones, los introvertidos pueden seguir siendo profesionales de la red. Si es introvertido, lo más importante que puede hacer en la red es ser usted mismo. No intente ser alguien que no es. No tiene que ser el alma de la fiesta. Usted puede ser notado y ser un miembro efectivo de la red por ser usted mismo.

Encuentro que muchos introvertidos prefieren grupos más pequeños o interacciones individuales. Si es introvertido, puede centrar su atención en estas reuniones o interacciones más pequeñas, ya que es posible que se pierda en un grupo más grande. Y si está en un evento de networking, recuerda que no es la única persona que tiene miedo o que es introvertida. Usted no está solo. Con esto en mente, debe tener en cuenta que habrá otros introvertidos en el evento con los que podrá interactuar. Los introvertidos suelen ser fáciles de identificar. Al igual que las flores de la pared en un baile de la escuela secundaria, probablemente puedas identificar a los introvertidos como aquellas personas que están solas en un rincón sintiéndose incómodas o enterradas en un grupo grande y sin decir nada. Si es necesario, usted puede gravitar hacia otros introvertidos, quienes probablemente le darán la bienvenida a su compañía. Y recuerde, el hecho de que una persona sea introvertida no significa que no tenga contactos valiosos o que no tenga información valiosa que pueda ayudarle en su búsqueda de empleo.

Otra forma de que un introvertido tenga más éxito en los eventos de networking es encontrar un "compañero de networking", alguien que pueda caminar con usted mientras conoce a otros miembros de la red. Los introvertidos a menudo encontrarán útil tener un compañero o una compañera. Incluso si no tiene un compañero, si conoce a alguien más en el evento de networking, no debe dudar en pedirles que le presenten a otros miembros de la red. Esto debería eliminar gran parte de la incomodidad inicial de ser presentado a alguien nuevo.

Y cuando conozca a gente, como se mencionó anteriormente en este capítulo, asegúrese de mantenerse involucrado en su conversación. Estar allí. Mantenga su teléfono en el bolsillo. Escuche lo que dicen.

Conozco a algunos introvertidos que incluso practican para eventos de networking con una lista mental de preguntas para hacer a la gente que conocen. Esto ayudará a prescindir de algunos de los tartamudos y tartamudeos que a menudo pueden ocurrir al conocer a alguien nuevo.

También animo a la gente, especialmente a los introvertidos, a establecer metas y objetivos antes de cualquier evento de networking. Por ejemplo, uno de mis clientes, siempre se fija la meta de conocer a cuatro personas nuevas y conectarse con otras cuatro personas que ya conoce en cada evento de networking. Si puede hacer esto, siente que ha tenido éxito en ese evento.

Y, cuando esté en un evento de networking, asegúrese de no gastar su bienvenida. Después de hablar con alguien durante un tiempo, tenga en cuenta que no quiere quitarle demasiado tiempo y pasar a otro proveedor de servicios de red. No es prudente dominar todo el tiempo de una persona. Después de todo, es un evento de networking, y el objetivo es conocer a un número de personas diferentes.

Y, finalmente, con respecto a los introvertidos, debo mencionar que muchos introvertidos usan Internet para conectarse con otras personas. Esto incluye a personas que aún no conocen. Usted puede conocer nuevas personas en línea a través de grupos profesionales de la red como los que ofrece LinkedIn. Y, con personas que ya conoce, puede seguir trabajando en red con ellas a través de la correspondencia por correo electrónico o de la presencia y el contacto en redes sociales. Al decir esto, cabe señalar que la forma más eficaz de establecer una red sigue siendo la interacción cara a cara, pero el contacto en línea ofrece otro medio para establecer una red.

La conclusión es que el hecho de ser introvertido no significa que se pueda ser un networker exitoso. Hay maneras de superar sus inhibiciones y la incomodidad de conocer a otras personas. Y, a medida que sea más competente en el trabajo en red, se sentirá más cómodo con él. Con suerte, puede convertirse en algo que sea divertido para usted en lugar de algo que teme.

Tanto si es introvertido como si es un extrovertido, puede beneficiarse del poder de una sólida red profesional. Cuando se hace bien, el trabajo en red puede ser una gran herramienta para encontrar un nuevo trabajo o trabajos a lo largo de su carrera. No hay duda de que las personas que están "conectadas" son a menudo las más exitosas. Cuando usted invierte en relaciones, ya sean personales o profesionales, es probable que su inversión pague dividendos a lo largo de su vida o de su carrera.

Capítulo 5-Autopromoción sin ataduras

La autopromoción es el acto de promocionarse o publicitarse a sí mismo o a sus actividades, de manera orquestada o intencional. Es importante que usted se promocione a sí mismo y a sus talentos, especialmente cuando se trata de su búsqueda de empleo. He oído decir antes: "Si no te das palmaditas en la espalda, nadie más va a hacer eso por ti". Este pensamiento es particularmente apropiado para la autopromoción. Usted podría ser una de las personas más talentosas de su profesión, sin embargo, si nadie lo sabe, es poco probable que se beneficie de su talento y experiencia. Si desea asegurar el éxito profesional, es probable que tenga que dedicar algún tiempo a promocionarse a sí mismo y a contarle a otros sobre sus fortalezas, talentos y habilidades.

Identifique sus fortalezas.

Antes de que promueva sus fortalezas, tendrá que determinar cuáles son. ¿Cómo hago eso?, se preguntará. Una de las mejores maneras de hacerlo es simplemente echar un vistazo a las descripciones de sus trabajos anteriores y utilizarlas como punto de partida para enumerar las responsabilidades de esos trabajos. Al hacer esto, usted debe resaltar las responsabilidades que ha tenido en trabajos anteriores, prestando especial atención a las tareas que realmente disfrutó en esos trabajos. Además, echa un vistazo a las tareas que le vinieron naturalmente en esos trabajos, las tareas que le resultaron fáciles de aprender. Es probable que estas sean cosas que le ayuden a identificar sus fortalezas.

Por ejemplo, un cliente mío es un profesional de relaciones públicas.

Ha trabajado para tres empresas diferentes en las que ha sido responsable de la promoción de la empresa o de la organización de varios eventos patrocinados por la empresa. A esta mujer le encanta organizar eventos y llevarlos de principio a fin. Esa ha sido una parte favorita de los trabajos de relaciones públicas que ha tenido, y sus experiencias pasadas con eso ayudan a identificar la planificación de eventos como una de sus mayores fortalezas. En el lado menos tangible, esta mujer es una trabajadora incansable que hará lo que sea necesario para completar un proyecto para cumplir con el plazo asignado. Esto también cuenta como una de sus mayores fortalezas.

Otra manera de determinar sus fortalezas es mirar hacia atrás en las revisiones de trabajos anteriores y averiguar qué fue lo que los superiores identificaron como sus fortalezas. Además, sus colegas actuales y anteriores deberían poder ayudarle a determinar sus puntos fuertes. Si es posible, le sugiero que pregunte a estos colegas cuáles son sus fortalezas y talentos.

Otra forma de identificar sus puntos fuertes es examinar las áreas en las que sus colegas buscan consejo o ayuda de usted. Si ellos siguen viniendo a usted por su ayuda o consejo en cualquier área en particular, lo más probable es que vean esa área como una de sus fortalezas. Y, al determinar las fortalezas, también es importante que identifique las tareas o proyectos que le dan energía. ¿Encuentra que pierde la noción del tiempo en alguna de las tareas que ha tenido en sus trabajos actuales o pasados? Si es así, es posible que esto sea algo que le guste, algo que sea una de sus fortalezas. En el peor de los casos, es algo que definitivamente querrá perseguir en futuros trabajos. Idealmente, al promover sus fortalezas mientras busca otro trabajo, debe concentrarse en las cosas que disfruta de su profesión, no en las cosas que no le gustan.

Al identificar sus fortalezas, es importante notar que la habilidad y la pasión no siempre están conectadas. Por ejemplo, yo era un estudiante de la Lista de Honor en la escuela secundaria, pero nunca tuve mucho interés en lo académico. Además, yo era un jugador de béisbol de todas las conferencias a pesar de que nunca tuve mucha pasión por ese deporte. Por otro lado, tenía una verdadera pasión por el baloncesto, pero nunca fui tan bueno en baloncesto como lo fui en el béisbol, ya que fui "desafiado verticalmente" en baloncesto, teniendo que jugar continuamente contra jugadores que eran mucho más altos que yo. Así que, aunque algo sea una fortaleza suya, si no es también una pasión, es posible que no quiera autopromocionar ese talento, ya que podría encasillarle en trabajos en los que es bueno, pero no disfruta haciéndolo.

Consejos para crear una marca personal que les traiga a los empleadores.

El objetivo de la marca personal junto con cualquier búsqueda de empleo es diferenciarte de otras personas que puedan estar solicitando los mismos puestos de trabajo. Como he mencionado antes, tener sólo un currículum y una carta de presentación probablemente no va a ser suficiente para conseguirle el trabajo de sus sueños. Con esto en mente, muchas personas están desarrollando su propia marca personal para mejorar su imagen como expertos de la industria, para detallar y complementar su imagen profesional, y para asegurar los trabajos o proyectos que están buscando.

La marca personal es muy parecida a la marca corporativa. Le da la oportunidad de tomar un papel activo en la gestión y promoción de su propia imagen, en lugar de depender de lo que otros digan de usted. Al establecer su propia marca personal, usted podrá informar a los posibles empleadores y reclutadores acerca de sus fortalezas, talentos y calificaciones. Será capaz de transmitir quién eres y quién quieres ser.

Antes de empezar a establecer su propia marca, primero tendrá que determinar por qué quiere ser conocido. Por ejemplo, la cadena de restaurantes Wendy's es conocida por sus hamburguesas. Aunque anuncia y vende otros artículos como sándwiches de pollo, papas fritas y refrescos, la cadena sabe que la venta de hamburguesas es el componente clave de su éxito. Lo mismo ocurre con su marca personal. Aunque usted pueda tener múltiples talentos y habilidades, necesitará definir sus talentos y habilidades primarias. Necesitará determinar quién es y qué quiere ser. Tendrá que determinar lo que le motiva y lo que puede aportar a un posible empleador.

Luego tendrá que determinar quién es su público y cómo va a llegar a él. En un capítulo anterior, he discutido ampliamente la importancia de un perfil de LinkedIn para la mayoría de las personas que buscan conseguir un trabajo profesional. He visto números de investigación que indican que más del 90% de los reclutadores utilizan plataformas de medios sociales para encontrar candidatos profesionales; casi todos estos reclutadores están usando LinkedIn como la principal plataforma de medios sociales. La excepción podría ser para trabajos extremadamente visuales para los cuales un portafolio hará un mejor trabajo al explicar lo que usted hace o lo que ha hecho. Fotógrafos, artistas, diseñadores gráficos, diseñadores de interiores y otros profesionales similares probablemente se beneficiarán de algunos de los sitios web de portafolio que hemos detallado anteriormente. Sin embargo, incluso con los sitios web de la cartera, LinkedIn es una plataforma que permite a la gente enlazar a las carteras o sitios web. Y algunas personas querrán ampliar su presencia en LinkedIn con sus propios sitios web personales, blogs, podcasts, etc. Cualquier cosa que pueda hacer para dar a los posibles empleadores o reclutadores una mejor idea de quién es usted y cuáles son sus talentos aumentará sus posibilidades de conseguir el trabajo de sus sueños.

Cuando vaya a establecer su propia marca personal, le sugiero que se familiarice con la forma en que los líderes o expertos de su industria se marcan a sí mismos. Visite sus sitios web, blogs, podcasts, artículos de revistas y vea cómo se están promocionando a sí mismos. Al hacer esto, usted recogerá algunas ideas o métodos que querrá imitar. También querrá desarrollar su propio giro para su marca personal y determinar cómo puede mejorar las formas en que estos otros líderes de la industria se están promocionando a sí mismos.

Otra manera de establecer su marca es solicitando entrevistas informativas con los líderes de la industria. Se sorprenderá de lo accesibles que son los diversos líderes de la industria. Usted encontrará que muchos líderes de la industria son generosos con su tiempo y la mayoría de ellos serán genuinos en proporcionarle información que le ayudará en su carrera. Para aquellos de ustedes que no están familiarizados con el concepto de una entrevista informativa, se trata de una conversación informal en la que una persona se sentará con otra persona con el objetivo de obtener información sobre su carrera profesional de esa persona. Una entrevista informativa no es una entrevista de trabajo. En la mayoría de los casos, la persona entrevistada ni siquiera tendrá un puesto de trabajo disponible.

Le daré un ejemplo. Tengo un amigo que tenía un trabajo de marketing en un restaurante a principios de los 20 años. Su objetivo era convertir su trabajo de marketing en un trabajo de marketing deportivo. Como socio de marketing de restaurantes, mi amigo viajaba por todo el país. Siempre que tenía la oportunidad, investigaba a las principales corporaciones de la ciudad que visitaba para ver si tenían departamentos de marketing deportivo. Y luego llamaba para ver si podía concertar una entrevista informativa con un especialista en marketing deportivo. No estaba buscando un trabajo en sí mismo, sino que buscaba principalmente información sobre cómo entrar en el marketing deportivo. Tuvo un éxito tremendo con su enfoque y pudo obtener entrevistas informativas con algunos vicepresidentes de marketing y directores de marketing de compañías que tenían departamentos de marketing deportivo o personas que eran vendedores de equipos deportivos profesionales o universitarios. Mi amigo le preguntó a la gente con la que se había reunido acerca de los caminos que tomaron para conseguir su trabajo en particular y le pidió recomendaciones sobre cómo podría entrar en la profesión del marketing deportivo. Esas entrevistas informativas no fueron amenazantes para la persona que dio las entrevistas; ofrecieron la oportunidad de que una persona ayudara a otra a entrar en la profesión del marketing deportivo. Cabe señalar que, aunque mi amigo se reunió personalmente con muchos de estos vendedores de deportes, eso fue un tiempo antes de que la videoconferencia como Skype o FaceTime estuviera disponible. Con la tecnología actual, es aún más fácil utilizar la videoconferencia para una entrevista informativa. Y si la videoconferencia no es una opción, una simple entrevista telefónica también puede ser efectiva, aunque no tan efectiva como una entrevista cara a cara o video.

Otro consejo para que usted lo utilice para crear su propia marca es desarrollar lo que se conoce como un "campo de ascensores". Para aquellos de ustedes que no están familiarizados con una parcela de ascensor, es simplemente una descripción de 30 a 60 segundos de lo que hacen. Imagínate que conoce a alguien que no ha conocido antes en un ascensor, y le preguntan qué hace. Sólo tiene de 30 segundos a un minuto para comunicarle lo que hace antes de que el ascensor se detenga y usted o el interlocutor con el que está hablando tiene que bajarse del ascensor. El mismo concepto funciona bien con el trabajo en red, en el que usted puede tener tiempo limitado para explicarle a alguien lo que hace.

Una presencia en línea es casi una necesidad para que usted construya su propia marca. Además de LinkedIn, muchas personas ahora tienen sus propios sitios o páginas web personales. Esas mismas personas suelen utilizar otras plataformas sociales como

Facebook o Twitter para promocionarse. Con su presencia en línea, es extremadamente importante que considere qué tipo de imagen desea transmitir con su marca personal. Además, es importante que sea coherente con la imagen que representa en las diferentes plataformas.

Y hay más en la marca personal que en la marca online. Como ya se ha comentado anteriormente, cosas como el trabajo en red y la participación en diversas organizaciones o asociaciones profesionales también ofrecen oportunidades para que usted construya su marca personal.

Un amigo mío es dueño de una empresa de productos promocionales que vende artículos promocionales impresos como camisetas, gorras, tazas de café, bolígrafos, casi cualquier cosa en la que se pueda imprimir un logotipo corporativo. Como parte de su marca personal, desarrolló un personaje de dibujos animados que llamó Promoman. Promoman es un personaje mono y memorable que lleva una capa de superhéroe con una gran P en el pecho. Mi amigo incluye ese personaje en todos los materiales promocionales de su empresa. Esta forma de hacer marca ha sido muy efectiva para que los clientes y clientes potenciales recuerden la compañía de mi amigo. Otro amigo mío tiene un negocio de mantenimiento que realiza varias reparaciones residenciales, principalmente para personas que no son buenas arreglando cosas en la casa. Se llama a sí mismo Handy Dan y utiliza ese apodo para marcarse a sí mismo y a su empresa unipersonal.

Establecer una marca personal no es una proposición de "uno y hecho". Usted necesitará continuar revisando y actualizando su marca personal, así como las compañías y corporaciones están continuamente modificando o ajustando sus marcas. Le recomendaría que revise su presencia en línea al menos una vez al mes, incluso si tiene un trabajo. De este modo, se asegurará de que su marca se mantenga fresca y no se quede obsoleta.

Estrategias menos conocidas para la autocomercialización.

Aunque ya he descrito las técnicas de auto-marketing más conocidas, hay algunas formas adicionales en las que puede construir su marca personal. A continuación, he enumerado algunas de las diferentes formas en las que puede promocionar su marca. Casi todas estas técnicas le ofrecen formas económicas de mejorar su marca.

--Busca reconocimiento por su experiencia. Si usted está bien informado en alguna área en particular, debe establecerse como un experto en ese nicho. El amigo que es vendedor de productos promocionales participó en un concurso de la asociación en el que ganó un premio por una campaña que hizo para uno de sus clientes. Recibió un premio de la asociación por la creatividad exhibida en esa campaña de marketing e inmediatamente aprovechó ese premio enviando un comunicado de prensa al periódico local y publicando esas noticias en sus sitios de medios sociales y en su sitio web personal. Al hacerlo, se estaba estableciendo como un experto en la industria de productos promocionales.

--Comparta su sabiduría. Si usted tiene información valiosa para impartir, compártala con otros. El mismo vendedor de productos promocionales mencionado anteriormente promociona su marca realizando seminarios en las ferias de la asociación nacional. También ha participado como orador invitado en algunos de esos espectáculos, conferencias y convenciones. Aunque rara vez se le paga por sus esfuerzos, aproveche estas oportunidades para establecerse como un experto en su campo.

Tengo otros dos conocidos que mejoran sus marcas ofreciendo

Prepara tu entrevista de trabajo

realizar un programa de radio de una hora de duración en el que la gente puede llamar a la estación para pedir consejo. Uno de estos conocidos está en el negocio de la reparación de computadoras y, en un programa llamado "Tech Talk", recibe llamadas de personas que están teniendo problemas con sus computadoras o están buscando consejo sobre computadoras. A cambio de sus servicios no remunerados, la estación le permite promocionar su propia compañía/marca a lo largo del espectáculo. El otro conocido es un mecánico de automóviles y hace algo muy parecido, presentando un programa llamado "Car Talk" en el que contesta llamadas todos los sábados por la mañana de oyentes de radio que tienen problemas con el coche o tienen preguntas sobre el coche. También he escuchado programas de radio similares de planificadores financieros, jardineros, abogados, comerciantes de acciones y agentes de bienes raíces.

Además de los programas de radio, puede compartir su sabiduría y promover su marca escribiendo su propio blog, escribiendo blogs de invitados para otros sitios web, publicando comentarios en otros blogs, impartiendo un curso de educación comunitaria. Uno de mis clientes tiene una pasión por el béisbol de las grandes ligas y dirige un sitio que destaca su equipo favorito de béisbol. Una de las cosas que hace para construir su marca es que participa en varios blogs o foros de béisbol de las grandes ligas y ofrece su opinión sobre algunos de esos blogs o temas. Al hacerlo, a menudo trabaja en nombre de su propio sitio. Sin embargo, no es descarado al hacer eso, ya que no quiere que su comentario o contenido sea marcado como spam. El mismo tipo escribe blogs de invitados para otros sitios web de béisbol. Escribe estos blogs de forma gratuita a cambio de poder mencionar su sitio web en la parte inferior de su blog. Y finalmente, también aparece como "experto" invitado en varios programas de radio locales, donde habla de su equipo de béisbol de las grandes ligas locales.

Prepara tu entrevista de trabajo

--Dar una clase. La mayoría de las comunidades u organizaciones patrocinan clases en las que las personas pueden recibir educación sobre diversos temas. Una vez más, la mayoría de estos conciertos de enseñanza son conciertos no remunerados, sin embargo, le permitirán la oportunidad de promocionarse como un experto en su campo. Mi vecino trabaja para una tienda de cebo y aparejos; y enseña a una clase comunitaria de educación de adultos sobre cómo hacer sus propios señuelos y moscas para pescar. Otro amigo mío se une a un amigo diseñador gráfico para ofrecer un curso de educación comunitaria sobre cómo publicar y comercializar su propio libro. (El diseñador gráfico instruye a los asistentes a la clase sobre cómo obtener un diseño de portada económico y cómo formatear el libro). Estos dos chicos también han hecho este mismo curso para algunas de las bibliotecas del área.

--Podcasts. Mi hermana y su marido crean podcasts sobre la crianza de los hijos y han convencido a una emisora de radio y televisión locales para que les proporcionen enlaces a sus podcasts. Un reparador de electrodomésticos local ha desarrollado y publicado algunos videos en YouTube en los que le dice a la gente cómo reparar varios electrodomésticos. Obviamente, se ocupa principalmente de problemas de reparación simples, pero es muy consciente de que las personas con problemas más complicados recurrirán a él cuando ellos mismos no puedan arreglar algo.

--Marca todo lo posible. Aunque nadie sugeriría que usted tiene un tatuaje de su marca en la frente, usted debe ser consciente de marcar tantas cosas como sea posible. Si es posible, coloque su nombre y membrete personal en cualquier correspondencia que envíe. Lo mismo ocurre con los correos electrónicos. Si usted es un contador, en lugar de utilizar una carpeta de existencias de la tienda de artículos de oficina para llevar a cabo las declaraciones de impuestos de una persona, debe asegurarse de que la carpeta esté impresa o contenga una etiqueta con su propia marca personal. Si usted está enviando una carta de presentación con su currículum vitae o una propuesta de negocio a clientes potenciales, o una nota de agradecimiento a alguien que le concedió una entrevista, debe incluir su propia marca personal siempre que sea posible. El vendedor de productos promocionales que he mencionado anteriormente en este capítulo regala pequeños muñecos de su personaje Promoman a los clientes que hacen pedidos de 1000 dólares o más. Este personaje le cuesta menos de 10 dólares y le ofrece una manera de mantener su marca frente a sus clientes durante todo el año.

--**Manténgase en contacto con su red.** Los saludos de cumpleaños, los saludos de vacaciones, las notas de agradecimiento y las respuestas a las publicaciones en los sitios de redes son todas formas en las que puedes mantenerte al frente de tu red. Y no limite su correspondencia o auto-marketing a contactos profesionales. Los amigos y la familia también pueden ser una parte valiosa de su red.

--**Ser un patrocinador de la comunidad.** Independientemente de la comunidad en la que viva o de las comunidades en línea en las que participe, la mayoría de esas comunidades organizan eventos en los que buscan patrocinadores o voluntarios. Estos eventos le ofrecen la oportunidad de promocionar su propia marca. Una amiga de mi esposa tiene un trabajo adicional en el que vende salsa casera. Ella está tratando de convertir su ajetreo lateral en un negocio de tiempo completo. En un esfuerzo por construir su marca, a menudo dona productos a varias organizaciones. Para un festival de la iglesia local, donó salsa y papas fritas para que la gente probara en uno de los puestos del festival. La gente que probaba su salsa podía entonces registrarse para ganar un año de suministro de su salsa. Al participar como patrocinadora del festival de la iglesia, esta mujer no sólo pudo conseguir que mucha gente probara su producto a bajo costo, sino que también pudo construir su marca a bajo costo.

En resumen, la autopromoción es una mentalidad, una actitud. Hay muchas maneras diferentes para que usted construya su propia marca personal. Aunque no querrá usar todas las técnicas de autopromoción mencionadas anteriormente, deberá ser capaz de usar muchas de ellas en sus intentos de establecerse como un experto en su campo y crear su propia marca personal. Y, lo mejor de todo, con muchas de estas técnicas, no tendrá que gastar mucho dinero para lograr sus objetivos. Es una simple cuestión de tomar conciencia de las oportunidades que le rodean y luego establecer un plan sobre cómo va a construir su marca.

Capítulo 6-Romper barreras

Al proporcionarle consejos y técnicas sobre cómo encontrar trabajo, me doy cuenta de que podría ser un poco presuntuoso al no señalar que algunos de ustedes pueden estar luchando batallas personales o inhibiciones en la búsqueda de un trabajo. Tal vez está saboteando sus propios esfuerzos para conseguir un nuevo trabajo sin siquiera saberlo. Tal vez usted es alguien que es propenso a la ansiedad social o a la timidez y la idea de buscar un nuevo trabajo le resulta simplemente espantosa. La búsqueda de empleo, la creación de redes, la creación de una cartera en línea, la creación de una marca y la autopromoción son actividades que requieren una actitud y un modo de pensar correctos. Si usted no está en el modo correcto de pensar con respecto a cualquiera de estas tareas, puede estar obstaculizando sus propias posibilidades de conseguir el trabajo que desea.

Cuatro maneras en las que usted podría estar saboteando su propia búsqueda de empleo.

A veces inhibimos nuestros propios esfuerzos para conseguir un trabajo, incluso sin saber que lo estamos haciendo. He aquí algunas maneras comunes en que la gente se interpone en el camino de sus propios esfuerzos para conseguir un trabajo.

1) **Está usando un lenguaje poco realista.** Algunas personas cometen el error de usar un lenguaje poco realista, especialmente en la correspondencia escrita, como las cartas de presentación. A lo largo de los años, he tenido clientes que han afirmado ser "perfectas" para los puestos de trabajo para los que están solicitando. O dirán en su carta de presentación algo así como "Estoy seguro de que estarás de acuerdo en que estoy altamente calificado". Con palabras como ésta, usted no deja espacio para otra cosa que no sea un sí o un no del

posible empleador. Si yo soy la persona que está contratando y leo una carta de presentación que dice que usted es la "persona perfecta" para el trabajo para el que estoy contratando, mi respuesta inicial es decirme a mí mismo: "Bueno, ya lo veremos". O si me estás diciendo que estás seguro de que estoy de acuerdo con algo, básicamente me estás diciendo que me estás quitando mi papel como la persona que hace la contratación. Sí, está bien mostrar un aire de confianza con sus declaraciones, pero no es probable que tenga éxito si es demasiado descarado o arrogante con las declaraciones que hace.

2) Está solicitando trabajos para los que no está calificado. Para determinar los puestos de trabajo para los que va a solicitar, es importante que se fije metas realistas. Sí, está bien soñar a lo grande, pero tendrá que ser práctico para determinar sus posibilidades de conseguir un trabajo determinado, a menos que quiera perder el tiempo o girar mucho las ruedas durante la búsqueda de trabajo. Por ejemplo, si su trabajo actual es como una persona de marketing de nivel de entrada, es poco probable que pueda conseguir un puesto de vicepresidente de marketing para una gran empresa. Si usted puede ser realista en sus expectativas, encontrará que su búsqueda de empleo será mucho más eficiente.

3) Usted está resaltando habilidades que no están relacionadas con el trabajo que está solicitando. Si tiene experiencia previa centrada en la gestión de un gran equipo de empleados, pero el trabajo que está solicitando no incluye la gestión de un equipo, entonces no hay razón para destacarlo en su currículum o en su carta de presentación. Está bien mencionar esta experiencia si es una parte importante de su historia laboral, pero no la coloque cerca de la parte superior de su currículum ni la resalte en su carta de presentación. O, si hablas chino mandarín, pero eso no tiene nada que ver con el trabajo que estás solicitando, ni siquiera lo mencionaría.

Al solicitar cualquier puesto de trabajo, debe referirse a las palabras clave en la descripción del puesto y luego relacionar cómo su experiencia o pericia encaja con lo que el posible empleador está buscando. Muchos solicitantes de empleo cometen el error de no adaptar su currículum vitae a los empleos que solicitan. Sea flexible con su currículum. Si una de las palabras clave en el puesto de trabajo es experiencia de gestión, y si tienes experiencia de gestión, aunque no haya sido su trabajo más reciente, no debe dudar en acercar esa experiencia de gestión a la parte superior de su currículum y también mencionar esa experiencia en su carta de presentación. Sea flexible en la adaptación de su currículum vitae al trabajo que está solicitando.

4) Está ignorando o tratando de ocultar su falta de requisitos. Si usted ignora su falta de calificaciones para un trabajo en particular, debe saber que tal deficiencia bien puede perjudicar sus posibilidades de conseguir ese trabajo. Si le falta algo de la experiencia o las calificaciones que el posible empleador ha anotado en la descripción de su trabajo, pero aun así está muy interesado en solicitar ese trabajo, lo mejor será que se acerque a esa deficiencia de frente. Por ejemplo, si la descripción del trabajo pone de relieve que el empleador está buscando a una persona que ha tenido experiencia en gestión y que usted no tiene experiencia en gestión, debe abordar este tema en su carta de presentación, en lugar de simplemente ignorarlo o tratar de ocultar el hecho de que usted carece de esta experiencia. Podría decir algo así en su carta de presentación: "Su puesto de trabajo mencionaba que le gustaría contratar a alguien con experiencia en gestión. Aunque no tengo experiencia previa en la gestión de un grupo de empleados, siempre he recibido evaluaciones de desempeño que me complementan como alguien que puede dirigir cuando es necesario y alguien que trabaja bien con los demás". Al hacer esto, estará explicando su falta de experiencia en gestión y, al mismo tiempo, reconociendo que se trata de una experiencia que está buscando y luego diciéndoles que no espera que esto sea un obstáculo si te contratan para el trabajo.

Cómo superar la ansiedad social y la timidez en su búsqueda de empleo.

No es un secreto que buscar trabajo puede ser estresante. Y puede ser aún más desafiante si usted está ansioso o preocupado por el proceso. En mi experiencia, hay dos cosas principales en las que debe centrarse para superar su ansiedad.

Primero, es importante que mantenga una actitud positiva durante todo el proceso. Si usted es una de esas personas que tiende a pensar negativamente más de lo que piensa positivamente, debe hacer un esfuerzo constante para restringir sus pensamientos negativos a lo largo de su proceso de búsqueda de empleo. Trate de convertir su proceso de búsqueda de empleo en una experiencia positiva en lugar de una experiencia negativa. Hay un viejo dicho que es particularmente aplicable a esta situación. "Un problema es una oportunidad que espera a que suceda". Le sugiero que adopte ese pensamiento como su mantra a lo largo del proceso de búsqueda de empleo. Si puede mantener una actitud positiva durante todo el proceso, disfrutará del proceso mucho más de lo que lo haría si dejara que los pensamientos negativos le abrumen.

En segundo lugar, en la búsqueda de un trabajo, usted encontrará rápidamente que si usted consigue o no un trabajo es a menudo más allá de su control. Usted no puede controlar si un posible empleador le ofrece un trabajo o no. Con esto en mente, es importante que usted se concentre en el proceso de buscar trabajo en vez de en el resultado. Soy un gran fanático del deporte y he escuchado a numerosos entrenadores decir a sus jugadores que se concentren en el proceso, no en el resultado. A menudo hay grandes discrepancias en los talentos de muchos equipos deportivos. Un equipo de fútbol universitario que pierde casi todos sus partidos tendrá muy pocas posibilidades de vencer a un equipo de los diez mejores. Por lo tanto, los entrenadores del equipo menos talentoso a menudo instruirán a sus jugadores para que se concentren en el proceso, no en el resultado. Si un equipo trabaja duro para tratar de mejorar, concentrándose en el proceso de hacerlo, tendrán la oportunidad de mejorar y tal vez algún día puedan competir con algunos de los equipos más talentosos. Recientemente escuché a un entrenador de fútbol universitario elogiar a su equipo después de que perdiera un partido por un marcador de 56-7. "Hemos trabajado duro toda la semana y hemos limitado nuestros errores, pero hemos jugado con un equipo más grande, más fuerte y rápido. Si podemos seguir trabajando para mejorar semana tras semana, creo que algún día podremos competir con ellos".

Lo mismo ocurre con la búsqueda de trabajo. Es posible que no consiga trabajo porque hay otros solicitantes que tienen más experiencia que usted. Con una situación como esa, es importante que usted se mantenga positivo y se concentre en el proceso de conseguir un trabajo, no en el resultado. No puede cambiar su historia. Si le falta experiencia en comparación con otros solicitantes, no puede cambiar eso. Pero si usted puede explicar su falta de experiencia, alguien eventualmente le va a dar una oportunidad.

Aquí hay algunos otros consejos y técnicas para superar la ansiedad que puede tener en la búsqueda de trabajo:

1) **Desarrollar e implementar un plan**. Tal vez se sienta abrumado por lo grande que parece ser el proyecto de encontrar trabajo, especialmente al principio de la búsqueda de un empleo. La mayoría de nosotros nos sentimos así. La mejor manera de minimizar ese problema es idear un plan paso a paso sobre cómo va a "atacar" el proceso de búsqueda de empleo. Si usted puede dividir la

abrumadora tarea de buscar trabajo en un conjunto de tareas más pequeñas y manejables, la tarea de buscar trabajo se verá mucho menos desalentadora. Puede dar pequeños pasos con este proceso, aunque debería asignar una fecha límite a cada uno de los proyectos para que pueda asegurarse de seguir adelante y no postergarlo.

Por ejemplo, tal vez lo acaban de despedir de su trabajo anterior. Uno de los primeros pasos que usted querrá tomar es investigar el proceso de presentar una solicitud de desempleo. Las tareas subsiguientes pueden incluir determinar qué tipo de trabajo(s) desea solicitar, crear un currículum vitae, desarrollar o actualizar su presencia en línea, investigar ofertas de trabajo en algunos de los sitios de trabajo más populares, notificar a su red sobre su inminente búsqueda de empleo, etc. Si usted puede dividir la tarea completa de buscar trabajo en proyectos individuales como éste, encontrará que el proceso de búsqueda de trabajo es mucho más fácil y menos estresante. Si puede hacer una o un par de tareas todos los días, estará más cerca de conseguir el trabajo que quiere.

Un amigo mío es un autor exitoso que escribe libros de ficción criminal. Me cuenta la historia de que cuando decidió por primera vez que quería ser autor, la idea de sentarse y escribir un libro de 500 páginas fue tan abrumadora que esperó años para empezar a escribir su primer libro. Sólo pudo hacerlo cuando dividió todas las tareas de escribir un libro en tareas individuales más pequeñas y menos desalentadoras, como desarrollar un esquema, determinar los personajes y las personalidades de esos personajes, determinar un escenario e investigar ese escenario, etc. Después de hacer eso, decidió escribir no menos de 5000 palabras cada día. Sus libros tienen un promedio de 90.000 a 100.000 palabras, por lo que sabía que, si podía producir 5.000 palabras al día, podría completar un libro en unos 20 días. Al mismo tiempo, resolvió escribir de 7 a.m. a 11 a.m. todos los días. (Prefiere escribir temprano en la mañana para tener tiempo de pasar las tardes con su familia. Otros autores encuentran que son más productivos por las tardes.)

Usted debe tomar el mismo enfoque en su búsqueda de empleo. Tengo muchos clientes que resuelven pasar una cierta cantidad de tiempo cada día o cada semana buscando trabajo o preparándose para buscar trabajo. El tiempo que dedique a la búsqueda de empleo dependerá, obviamente, de si está empleado o no. Por lo tanto, dependiendo de cuánto tiempo tenga para buscar trabajo, debe decidirse a dedicar una cierta cantidad de tiempo todos los días o todas las semanas a buscar trabajo. Tal vez son cinco horas al día; tal vez 20 horas a la semana. Algunas personas desempleadas incluso adoptan el enfoque de que buscar trabajo es su trabajo a tiempo completo hasta que lo consiguen, por lo que trabajarán de 40 a 60 horas a la semana en busca de trabajo. También he tenido clientes que deciden solicitar un número específico de trabajos por semana. Aunque la mayoría de estas personas entienden que la calidad supera a la cantidad en cualquier búsqueda de empleo, también entienden que la búsqueda de empleo puede ser un juego de números y saben que cuantos más empleos soliciten, mayores serán sus posibilidades de conseguir un empleo o al menos una entrevista. Un amigo mío que es escritor independiente ha decidido solicitar un mínimo de tres proyectos de escritura cada día. A veces, recibe múltiples ofertas en un corto período de tiempo y tiene que decirles a algunos clientes potenciales que no puede hacer su proyecto inmediatamente, pero le resulta mucho más fácil rechazar un proyecto que tener períodos de tiempo en los que no tiene ningún proyecto en absoluto. Al idear su plan para encontrar trabajo, tendrá que averiguar qué es lo que más le conviene, pero le sugiero que proponga metas y objetivos tangibles para asegurarse de que pasa el tiempo adecuado en la búsqueda de un empleo.

2) No coloques todos los huevos en una sola canasta; no cuentes con una sola oportunidad. Siempre me sorprende la cantidad de personas que esperan hasta que han escuchado el resultado de una solicitud de empleo antes de embarcarse en otra. Se trata de un gran error, desde un punto de vista práctico, emocional y logístico. No tiene sentido dejar que una situación lo controle cuando puede controlar la situación. Incluso si usted ha solicitado el trabajo de sus sueños, tiene que recordar que usted no es quien decide si obtiene el trabajo o no. Eso le corresponde al posible empleador. Con esto en mente, usted debe asegurarse de continuar avanzando en su búsqueda de trabajo, solicitando múltiples trabajos si es posible. Si tiene la suerte de recibir múltiples ofertas de trabajo de sus solicitudes, estará en una posición envidiable, capaz de elegir el trabajo que prefiera. Recuerde que los posibles empleadores están entrevistando a múltiples candidatos; no hay razón para que usted no esté explorando múltiples oportunidades al mismo tiempo.

3) **Busque trabajo cuando tenga trabajo.** El mejor momento para que usted busque trabajo es cuando tiene otro trabajo. Es mucho menos estresante y se dará cuenta de que está en una posición mucho mejor para decidir si acepta o no un nuevo trabajo. Dicho esto, siempre me sorprende que a la gente no le guste hacer esto. Por ejemplo, una empresa de una comunidad vecina anunció que iba a cerrar una de sus fábricas dos años antes del cierre. Lo hicieron con la idea de que sus empleados tendrían mucho tiempo para buscar otro empleo. La empresa incluso ofreció clases y un subsidio para que los empleados se formaran en otras profesiones. Sin embargo, cuando la planta finalmente cerró, sólo el 37% de esos empleados habían aprovechado esta oferta extremadamente generosa del empleador. Para ser justos, algunos de los empleados que no aprovecharon la oferta estaban cerca de la edad de jubilación y optaron por una jubilación anticipada. Sin embargo, la mayoría de los empleados allí iban a esperar hasta que su trabajo actual expirara antes de embarcarse en una nueva búsqueda de empleo. Desafortunadamente, esto sucede con demasiada frecuencia en la mayoría de las personas. Necesita recordar que es mucho, mucho más fácil para usted buscar trabajo si ya tiene otro trabajo. Usted

tiene mucha más influencia y es mucho menos estresante. Incluso si sólo puede dedicar un par de horas a la semana a la búsqueda de su próximo empleo, a la creación de redes, a la actualización de sus medios sociales o a la creación de su marca, estará mejor si puede hacerlo mientras trabaja.

4) **Practique las entrevistas.** Antes de cualquier entrevista, le sugiero encarecidamente que se prepare. Investigue la compañía con la que está entrevistando; trate de determinar qué preguntas de la entrevista se le pueden hacer y cuáles serán sus respuestas a esas preguntas. Cuando me he entrevistado para trabajos, siempre he llevado a cabo un diálogo interno en el que me imagino qué preguntas se me podrían hacer y mis respuestas a esas preguntas. Otras personas utilizarán amigos, familiares o colegas para ese proceso. Otra manera de adelantarse al juego de la entrevista será investigar las preguntas comunes de la entrevista en Internet. Cualquier cosa que pueda hacer para practicar para su entrevista debe aumentar sus posibilidades de éxito.

5) **No piense en pensamientos y escenarios negativos.** Una vez más, una mentalidad positiva es extremadamente importante en el proceso de búsqueda de empleo. Es importante que no deje que los pensamientos negativos superen sus pensamientos positivos. Al solicitar un empleo, usted está lidiando con resultados que no puede controlar, por lo que el objetivo debe ser siempre concentrarse en el proceso, hacer lo mejor que pueda y dejar que las cosas caigan por su propio peso. Tengo un amigo que es pesimista por naturaleza. A menudo imagina los peores escenarios en lugar de los mejores. Me contó la historia de una entrevista que tuvo para su primer trabajo después de graduarse de la universidad. Estaba solicitando un trabajo de relaciones públicas. Por la razón que sea, el posible empleador hizo que las cuatro personas que iban a ser entrevistadas aparecieran más o menos al mismo tiempo. Los cuatro candidatos estaban sentados juntos en el vestíbulo. Mi amigo pesimista rápidamente

determinó que él era el único graduado universitario reciente entre los cuatro candidatos. También se dio cuenta de que mientras llevaba puesto su traje de entrevistador, los otros candidatos parecían tener mejor ropa para la entrevista, y en lugar de carteras de vinilo, llevaban maletines de cuero. Al ver esto, mi amigo presumió que su suerte estaba echada; tendría muy pocas posibilidades de competir con estos otros candidatos. Al final, consiguió el trabajo. La mujer que hizo la contratación le dijo más tarde que estaba abierta a alguien que no hubiera establecido malos hábitos en otro trabajo; le gustaba el hecho de que él no fuera tan pulido como los otros candidatos, pero había expresado un sincero interés en aprender los pormenores del trabajo y trabajar duro. También pensó que su personalidad encajaría mejor con las demás personas del equipo de relaciones públicas. La moraleja de la historia: No deje que sus pensamientos negativos lo controlen, especialmente en un proceso que no puedes controlar. Nunca se sabe por qué un posible empleador contrata a una persona por encima de otra. Así que es una pérdida de tiempo pensar en las razones por las que alguien no lo contratará.

6) **Considere la posibilidad de contratar los servicios de un orientador profesional.** Si usted tiene el presupuesto para hacerlo, muchas personas se benefician del uso de un orientador profesional.

7) **Tener una explicación para su ansiedad social.** Uno de mis clientes sufre de ansiedad social extrema. Esto le afecta cuando habla frente a grandes grupos y le afecta durante el proceso de entrevista individual. Él y yo hablamos extensamente sobre cómo resolver este problema. Reconoce que su ansiedad se relaciona principalmente con el miedo al fracaso. Su ansiedad social es tan grande que suda profusamente cuando se le coloca en algunas situaciones sociales. Aunque nunca le he acompañado a una entrevista, me ha dicho que, en ocasiones, ha experimentado un sudor similar al que experimentó el actor Albert Brooks como locutor de noticias de televisión en la película "Broadcast News". En la película, el personaje de Brooks

estaba sudando como un grifo mientras hacía su primer noticiario. Mi amigo me dice que ha debido tener un pañuelo en la mano durante las entrevistas porque estaba sudando mucho. También ha tenido camisas que han estado empapadas. Así que, para él, la forma en que su ansiedad se manifiesta tan severamente que ha perdido numerosas oportunidades de trabajo como resultado de ello. Sin embargo, ahora, cada vez que va a entrevistas, se apresura a explicar su problema. Se apresura a señalar que experimenta ansiedad en las situaciones de entrevista y les dice que "Algunas personas no creen que yo respondí bien a la entrevista debido a la ansiedad que tengo durante el proceso. Si puedes superar mi ansiedad, descubrirás que seré un empleado leal, trabajador y concienzudo que valorará sinceramente la oportunidad de trabajo que me ofreces". Con esta explicación, usted notará que él está enfrentando su ansiedad de frente en lugar de tratar de ocultarla. Sus dos últimos empleadores han podido superar su ansiedad y lo han contratado a pesar de este recelo. He tenido otros clientes que también han abordado su ansiedad o timidez social con posibles empleados diciendo: "Soy una persona tímida, y a veces no me encuentro bien en situaciones de entrevista, sin embargo, puedo asegurarles que seré un empleado valioso aquí. Puede que no tenga mucho estilo, pero puedo asegurarle que tengo mucho material."

8) **Utilice un sistema de apoyo.** El proceso de búsqueda de empleo es a menudo un proceso difícil y, sin duda, podrá eliminar parte de la ansiedad de ese proceso si encuentra a alguien con quien hablar o con quien apoyarse durante este proceso. Muchas personas que buscan trabajo deciden hacer del proceso un proceso solitario y luego encuentran que el proceso es deprimente porque no tienen a nadie con quien discutir sus sentimientos. No dude en pedirle a su familia, amigos o colegas que le brinden apoyo moral durante su búsqueda de empleo. Y, no olvide que casi todos nosotros hemos pasado por el proceso de búsqueda de empleo y no es difícil

encontrar a alguien que esté familiarizado con las pruebas y tribulaciones de encontrar un trabajo.

Desarrolle una Actitud que Atrae el Éxito Ahora.

El éxito se basa en la actitud y el esfuerzo. Usted debe saber que el éxito no simplemente sucede, usted hace que le suceda. El éxito es algo que tiene que ganar. La mayoría de la gente no atrae automáticamente el éxito. Las personas atraen el éxito porque trabajan duro para lograrlo. Hacen sacrificios y constantemente se esfuerzan por convertirse en una versión de su mejor yo.

He mencionado anteriormente la mentalidad en la que una persona ve los problemas como oportunidades. Esto es extremadamente importante para las personas que quieren tener más éxito. Las personas con la mentalidad de "el problema es la oportunidad" encontrarán mucho más fácil inspirar fe, confianza y confianza en los demás.

Las personas que tienen éxito tienen la capacidad de "atacar" los problemas en lugar de dejar que esos problemas los controlen. Le daré un ejemplo. Uno de mis clientes estaba a punto de embarcarse en una búsqueda de trabajo. Me pidió mis recomendaciones sobre cómo debería hacer para establecer una presencia en línea para que aumentara sus posibilidades de conseguir un buen trabajo. Esta mujer era inteligente, pero no estaba técnicamente orientada. Me sorprendió mucho saber que ha creado su propio sitio web personal, ha creado algunos podcasts y ha creado algunos blogs en poco tiempo. Le pregunté cuál era su mentalidad a la hora de crear su presencia en línea y me dijo: "Lo veo como una oportunidad para aprender nuevas habilidades. Ataqué estos proyectos con una actitud de "puedo hacerlo". Yo sabía que había información disponible en Internet sobre cómo hacer cada una de esas tareas, así que simplemente hice mi investigación y aprendí a hacerlo". Esta es una mujer que atraerá el éxito, porque está dispuesta a hacer el trabajo necesario para lograrlo.

Otra manera de lograr el éxito es fracasar. Sí, usted puede lograr el éxito si fracasas. Hay un viejo dicho que dice: "Cuando fallas, aprendes. Cuando fallas más que nadie, aprendes más que nadie". El éxito es el resultado directo del número de experimentos que se realizan. Si está probando cosas y fallando, es probable que eventualmente tenga éxito. Por otro lado, es poco probable que una persona que nunca lo intente tenga éxito.

Algunos otros consejos sobre cómo puede empezar a atraer el éxito:

--**Ser auténtico, genuino y vulnerable**. No tenga miedo de admitir cuando no sabe algo; no tenga miedo de aprender cosas nuevas.

--**Ser la persona que da, no la que quita**. La mayoría de las personas son de las que toman. Tomarán todo lo que puedan conseguir, aunque no lo necesiten. Pero usted encontrará que dar tiempo y esfuerzo sin esperar nada a cambio puede ser un factor clave para posicionarlo para el éxito profesional.

--**Cállese y escuche.** Recuerde siempre que puede aprender mucho más escuchando que hablando. Mucha gente tiene la intención de mostrar a otras personas lo mucho que saben que a menudo se olvidan de escuchar lo que otras personas tienen que decir.

Una vez más, atraer el éxito es cuestión de actitud y esfuerzo. Si tiene la mentalidad correcta, si está dispuesto a dar en lugar de recibir, si está dispuesto a escuchar, si está dispuesto a aprender y no temes fracasar, entonces tendrá muchas más probabilidades de atraer el éxito.

Capítulo 7 - Secretos de las entrevistas de trabajo

Dudo que sorprenda a nadie cuando digo que la entrevista es una parte crítica del proceso de entrevista. Si alguna vez ha perdido una oportunidad de trabajo porque no se entrevistó bien, se dará cuenta de lo decepcionante que es llegar tan lejos en el proceso de búsqueda de empleo y luego no conseguir el trabajo porque no causó la impresión que quería causar. En este capítulo, le voy a dar algunos consejos sobre cómo puede causar la mejor impresión posible en sus entrevistas con posibles empleadores.

Reglas de oro para hacer una excelente primera impresión en una entrevista de trabajo.

Hay muchas cosas diferentes que puede hacer para asegurarse de que tiene la mejor oportunidad posible de conseguir un trabajo basado en su entrevista.

--Asegúrese de estar preparado. En primer lugar, haga su investigación. Investigue la compañía con la que está entrevistando, visitando su sitio web y haciendo una búsqueda en Internet para encontrar información adicional sobre la compañía. Investigue a la persona con la que está entrevistando, buscando un perfil en LinkedIn, medios sociales y una búsqueda en Internet. Determine qué tipo de atuendo de vestir tiene la compañía y luego seleccione el atuendo apropiado. Si usted está entrevistando con un bufete de abogados, es probable que se vista diferente de lo que se vestiría si estuviera entrevistando con una empresa que está empezando a trabajar en Internet. Si no está seguro de cuál sería el atuendo apropiado, llame a la recepcionista de la compañía con la que va a entrevistar, dígale que tiene una próxima entrevista y pregúntele cuál es el atuendo de vestir normal.

Asegúrese de saber exactamente cómo llegar al lugar donde se llevará a cabo la entrevista y, a continuación, calcule la cantidad de tiempo que va a tomar llegar allí. (He realizado pruebas de manejo antes para determinar cuánto tiempo tomará llegar al lugar de la entrevista. No olvide tener en cuenta el tráfico más pesado en diferentes momentos del día; de la misma manera, no olvide tener en cuenta la construcción de la carretera en su ruta.) Llegar tarde a una entrevista probablemente sea un motivo para no contratarlo. Hace muchos años, cuando estaba contratando para una pequeña empresa de mi propiedad, dejé pasar a una candidata simplemente porque se había retrasado 10 minutos. Se disculpó inmediatamente cuando llegó, diciéndome que su marido, que la había llevado a la entrevista, estaba llegando tarde. Inmediatamente, pensé que, si el trabajo no era lo suficientemente importante para que su esposo la llevara a tiempo a la entrevista, entonces eso podría presentar un problema en el futuro. Resulta que ella era la mejor candidata y me gustaba un poco más que los otros candidatos, pero la descarté porque llegaba tarde a su entrevista.

Y, aunque probablemente ya esté familiarizado con el puesto de trabajo o la descripción del puesto, asegúrese de repasar varias veces y recordar las palabras clave del puesto. Resalte esas palabras clave en su entrevista y asegúrese de explicar cualquier área de experiencia que tenga en esas áreas de palabras clave.

--Cuando conozca a la persona que le va a entrevistar, asegúrese de saludarla con un apretón de manos firme (no con un apretón de manos flojo) y también asegúrese de hacer contacto visual sólido con esa persona. Esto puede no parecer importante para usted, pero estos primeros 30 segundos del proceso de entrevista son muy importantes para algunos entrevistadores. Confieso que daré puntos extra a las personas que conozca que tengan un apretón de manos firme, contacto visual y una sonrisa brillante.

--Sé observador. Es importante que usted sea capaz de ser consciente de su entorno y también de la persona con la que está entrevistando. Si está esperando su entrevista en el vestíbulo de una empresa, observe lo que está sucediendo. Se puede saber mucho sobre la cultura de una empresa con sólo ver cómo los empleados interactúan entre sí en el vestíbulo. Además, ¿cómo maneja la recepcionista las llamadas telefónicas? Si él o ella trata a cada persona que llama como si fuera una interrupción, eso podría ser una señal de que hay algo mal en la cultura de la compañía. Una vez tuve una entrevista de trabajo y esperé casi media hora en el vestíbulo, ya que llegué temprano a la entrevista y el entrevistador estaba haciendo otra entrevista. En los 30 minutos que pasé en el vestíbulo de esta compañía, determiné que la compañía para la que esperaba trabajar probablemente no era un buen lugar para trabajar. La recepcionista no era muy amigable y casi todos los empleados que pasaban por el vestíbulo tenían conductas negativas. Por lo tanto, utilice su tiempo en el vestíbulo para comprobar la cultura corporativa.

En la misma línea, es necesario poder leer a la persona con la que se está entrevistando a medida que transcurre la entrevista. ¿Es el entrevistador una persona seria? ¿Es su estilo formal o casual? ¿Tienen sentido del humor? ¿Están realmente interesados en sus respuestas a las preguntas que están haciendo o simplemente están avanzando en una lista de verificación? ¿La conversación fluye suavemente o es un poco incómoda? De cualquier manera, usted tendrá que analizar lo que está sucediendo a medida que sucede, y luego tendrá que hacer los ajustes necesarios para aumentar el nivel de comodidad de la entrevista o para encontrar puntos en común. Para encontrar un terreno común, le animo a que mire alrededor de la oficina del entrevistador si tiene la oportunidad. La mayoría de las personas tienen algunos efectos personales en su oficina. Podría ver cosas como fotos de familia, trofeos de bolos o de golf, diplomas o títulos enmarcados, etc. Si usted puede encontrar puntos en común con cualquiera de estos efectos personales, use esa información apropiadamente durante la entrevista. Por ejemplo, si ve una foto de la entrevistadora con su hija y también usted tiene una hija, eso puede ser algo de lo que pueda hablar, si hay una vacante para hacerlo. Si ves un trofeo de golf y eres golfista, debería ver si puede encontrar algo en común con eso. Aunque es muy poco probable que consigas un buen trabajo porque eres un ávido golfista, si puedes transmitir ese punto en común a tu entrevistador, es más probable que él te recuerde. No subestime el "terreno común" al conectarse con un posible empleador.

--No balbucee; no sea brusco; no tenga miedo de contar historias breves sobre por qué usted es el adecuado para el trabajo. Si el entrevistador lo interrumpe durante sus respuestas, es probable que sea una señal de que está balbuceando o que sus respuestas son demasiado largas. Por otro lado, si el entrevistador hace una pausa sin hablar después de su respuesta, es probable que esté esperando que usted amplíe su respuesta. Y, recordando que una entrevista es para que usted amplíe su currículum vitae y carta de presentación, a menudo es aconsejable contar una o dos historias sobre por qué usted es el mejor candidato para el trabajo. Sin embargo, con cualquier historia que cuente, asegúrese de que no se demores en hacerlo. Si el entrevistador quiere que les cuentes más, se lo hará saber haciendo preguntas adicionales relacionadas con su historia.

--Sé positivo. Sea entusiasta. Uno de los errores más comunes que la gente comete en las entrevistas es que pasan mucho tiempo arrancando su trabajo o empleado actual. Al hacer esto, el entrevistador puede pensar que así es como usted estará hablando de su compañía cuando se entreviste para su próximo trabajo. Está bien decir lo que no le gusta de su trabajo actual o de la compañía para la que trabaja, especialmente si te lo preguntan, pero le sugiero encarecidamente que muestre algo de decoro al hacerlo y que no insista en estos aspectos negativos a lo largo de la entrevista. Siempre trate de ser entusiasta y positivo cuando hable del trabajo para el que está aplicando.

--Surtido de consejos de sentido común. Si usted tiene trabajos previos para mostrar, traiga muestras de ese trabajo. Por ejemplo, si usted es fotógrafo o diseñador gráfico, querrá traer un portafolio de su trabajo a la entrevista. Si usted es un profesional de la publicidad, puede traer fotos o muestras de una campaña publicitaria en la que haya trabajado. Y, preste atención al recipiente o contenedor que utiliza para guardar estas muestras o portafolio. Un entrevistado trajo su portafolio en una bolsa de comestibles; una señora tiró la mayor parte del contenido de su enorme bolso en la mesa de conferencias mientras buscaba una foto para mostrarme. (Parecía que se estaba preparando para organizar una venta de garaje.) Asegúrese de apagar su teléfono y guardarlo durante la entrevista. Y, si va a usar perfume o colonia, ve con cuidado. Por favor, recuerde que casi todas las oficinas tienen a alguien que detesta las fragancias, incluso las fragancias agradables. Asegúrese de tener el nombre correcto de la persona que lo está entrevistando y asegúrese de usar ese nombre al menos ocasionalmente a lo largo de la entrevista. Si se está entrevistando con varias personas, consiga todos los nombres y escríbalos, si es necesario. Usar el nombre de alguien es una de las formas más básicas de establecer una conexión. Y asegúrese de usar los nombres de las personas cuando salga de la entrevista. Eso deja una buena impresión. Por ejemplo: "Josh, gracias por tu tiempo hoy. Mike y Joe, fue un placer conocerlos".

--Cierra la entrevista; averigua cuál es el siguiente paso. No deje una entrevista sin agradecer al entrevistador por su tiempo. Y no deje una entrevista sin averiguar cuál es el siguiente paso.

¿Cuándo tomarán su decisión? ¿Le llamarán o cómo le informarán sobre el resultado de la entrevista? ¿Está bien que los llames para hacer un seguimiento? Si es así, ¿cuándo puede llamarlos?

--Dar seguimiento. Haga un seguimiento inmediato con un "gracias por la oportunidad de entrevistar a alguien". Recomiendo una nota de correo postal escrita a mano si es una nota corta o a máquina si es una nota más larga. Desaconsejo los correos electrónicos, ya que pueden ser borrados con demasiada facilidad. Prefiero las notas de papel o las tarjetas de agradecimiento, porque es probable que el destinatario las conserve durante un tiempo antes de deshacerse de ellas. Y luego, en el seguimiento de las llamadas telefónicas, asegúrese de ponerse en contacto con el entrevistador cuando él o ella le dijo que los llamara. Y trate de permanecer visible sin convertirse en una molestia.

Consejos de expertos para destacar en un mercado competitivo.

Si ha llegado a la fase de entrevista de una búsqueda de empleo, ya se ha colocado por encima de otros candidatos que no han sido entrevistados. Pero ahora las cosas pueden ponerse más difíciles a medida que compita contra candidatos que han sido considerados más calificados que los otros que se han quedado atrás. Todavía hay algunas cosas que puede hacer para aprovechar su posición mientras se dirige a su entrevista.

--Haga su investigación. La semana pasada un profesional de recursos humanos me dijo cómo ve a una persona que ha hecho su investigación en una entrevista. "Es refrescante encontrarse con un candidato que sabe de lo que está hablando y que ya ha investigado la compañía. Es bueno no tener que pasar todo el tiempo de mi entrevista describiendo mi compañía a la persona a la que estoy entrevistando". La misma persona de recursos humanos me dijo que ella también verifica si el solicitante ha personalizado su currículum vitae y carta de presentación para el trabajo que está solicitando. "Si no se han tomado el tiempo para hacer eso y están usando un currículum genérico y una carta de presentación, tiendo a pensar que tal vez no estén tan interesados en la oportunidad de trabajo que tenemos para ofrecer."

--Proporcione enlaces a su marca en línea. Si usted ha limpiado su presencia en los medios de comunicación en línea (es decir, sus redes sociales), entonces podría ser una buena idea proporcionar enlaces a su sitio web personal o su portafolio, su perfil en LinkedIn, sus páginas de Facebook y Twitter (si corresponde), sus blogs, sus podcasts, o cualquier artículo en Internet que le muestre de manera positiva. Es probable que la persona que realiza la contratación lo haga de todos modos, pero al proporcionar enlaces a su información, usted facilitará su trabajo y, lo que es más importante, podrá "controlar la narrativa"/controlar la información que ve el entrevistador.   He tenido clientes que me han proporcionado esta información unos días antes de la entrevista a través de un correo electrónico y eso parece funcionar bien para ellos. Si el entrevistador va a hacer su tarea antes de entrevistarlo, usted habrá hecho su trabajo más fácil y usted podrá controlar la narrativa.

--Personalidad y actitud. En la entrevista en sí, asegúrese de encontrar una manera de mostrar su personalidad. Puede que le sorprenda, pero muchos empleadores admiten que contratan personalidad y actitud por encima de experiencia. Buscan a alguien que sea apasionado y entusiasta de trabajar en su empresa.   Por lo tanto, cuando vaya a la entrevista, asegúrese de hacerlo con una actitud positiva y asegúrese de mostrar su entusiasmo hacia el trabajo para el que está solicitando. Como me dijo una vez otro gerente de contratación, "Es difícil fingir una actitud ansiosa. Siempre buscamos ver cuán ansioso está el candidato por el trabajo que le ofrecemos".

--Logros y resultados por encima de las habilidades. Siempre concéntrese en sus logros y resultados por encima de sus habilidades. Sus habilidades ya están listadas en su currículum. Si usted tiene detalles específicos para mostrar sus logros en el trabajo anterior, sea específico. Lo mismo se aplica a cualquier resultado que haya obtenido en trabajos anteriores. Algunos ejemplos: Un gerente de marca instituyó una campaña de marca que aumentó las ventas de un producto en un 11%; un entrenador de fútbol llevó un programa que ganó dos juegos la temporada en que fue contratado a un programa que ganó nueve juegos sólo tres años más tarde; un profesional del equipo de administración llevó un departamento que tenía una tasa de rotación del 65% a un departamento que tenía sólo un 12% de rotación en su mandato; un vendedor de una línea de productos aumentó las ventas de ese producto en un 32% en un año. Lo mismo se aplica a cualquier logro que usted pueda haber logrado: Empleado del año en una empresa de 120 empleados; ganó un premio de la industria por una campaña de relaciones públicas; presidente de un capítulo universitario de periodistas profesionales; editor del periódico universitario. Al enumerar logros, premios y logros específicos, usted podrá ofrecer alguna prueba tangible de por qué es la persona adecuada para el trabajo. Esto le permitirá al entrevistador poner algunos detalles específicos detrás de las habilidades que usted enumera en su currículum.

Las 10 preguntas de la entrevista de trabajo que siempre debe saber cómo responder.

El que usted obtenga el trabajo que está buscando puede depender de cómo lo maneje o cómo responda a las preguntas que se le hagan. Aunque usted nunca puede estar seguro de qué preguntas se le harán, hay algunas preguntas estándar que definitivamente debe ser capaz de responder. Y si usted sabe que debe responder estas preguntas básicas, estará mucho mejor preparado para responder cualquier pregunta que pueda tener. De hecho, le sugeriría que utilice estas preguntas básicas al prepararse para cada entrevista de trabajo que tenga.

Cuando acababa de salir de la universidad, perdí una oportunidad de trabajo por la forma en que respondí lo que debería haber sido una simple pregunta. La entrevista iba bien hasta cerca del final de la entrevista cuando el gerente de contratación me preguntó "¿Cómo me describirían los miembros de mi familia?" Era una pregunta simple, pero lo arruiné totalmente cuando usé la palabra "L". Le dije al entrevistador: "Mi hermana podría decir que soy un vago". Sí, me refería a mí mismo como un vago en una entrevista. No sé por qué lo dije y no era cierto, pero lo dije. Cuando lo dije, supe inmediatamente que podía olvidarme de las posibilidades de conseguir el trabajo que quería. Intenté retractarme de mi declaración, pero la suerte ya estaba echada. Aunque no espero que estropee una pregunta como yo lo hice, voy a ser rápido para decirle que es importante que repase cómo responderá a las preguntas en una entrevista antes de que tenga la entrevista.

A continuación, he enumerado algunas preguntas básicas de la entrevista con las que es probable que se encuentre a lo largo de su carrera como entrevistador. Aunque personalmente considero que algunas de estas preguntas son mundanas, la premisa básica de estas preguntas es que el entrevistador lo conozca a usted y averigüe si usted es un buen candidato para el trabajo que le están ofreciendo. El objetivo es simplemente conseguir que usted hable y entonces las respuestas que usted dé posiblemente lo separarán de los otros solicitantes, ya sea positiva o negativamente.

1) **¿Puedes hablarme de ti?** Esta es una pregunta muy común y le sugiero que definitivamente tenga un discurso practicado para responder a esta pregunta. En el período de un minuto o dos, usted debe ser capaz de decirles quién es usted, enfatizando quién es usted profesionalmente por encima de quién es usted personalmente. Y debe hacerlo con confianza.

2) **¿Por qué quiere trabajar aquí?** Esta pregunta le da la oportunidad de demostrar que ha hecho su investigación sobre la compañía con la que se está entrevistando y el trabajo para el que se está entrevistando.

3) **¿Cómo se enteró de este trabajo?** Si usted tiene una conexión personal, este es un buen lugar para usarla.

4) **¿Por qué está buscando otro trabajo cuando ya tiene uno?** Al responder a esta pregunta, haga hincapié en los aspectos positivos del trabajo para el que se está entrevistando, no en los aspectos negativos de su trabajo actual.

5) **¿Por qué deberíamos contratarle?** Esta es su oportunidad de decir lo que puede aportar al equipo y lo que le coloca por encima de otros solicitantes. Sea específico siempre que sea posible.

6) **¿Dónde se ve en cinco años?** Admito que detesto esta pregunta, pero es una de las más frecuentes. Si tiene un plan específico, descríbaselo brevemente al entrevistador. Si no sabes dónde vas a estar en cinco años, está bien decir que no estás exactamente seguro de lo que va a pasar, sin embargo, siente que este trabajo será una ayuda definitiva para avanzar en su carrera.

7) Cuénteme acerca de un conflicto o desacuerdo que haya tenido en el trabajo y cómo manejó ese conflicto. Esta pregunta está diseñada para determinar cómo puede pensar sobre la marcha y cómo reaccionar ante el conflicto. Definitivamente debería tener una respuesta preparada a esta pregunta, y siempre utilizar un ejemplo en el que fuera capaz de resolver el problema con una solución satisfactoria o un compromiso.

8) ¿Cuál es el trabajo de sus sueños? Sea honesto en su evaluación de cuál es el trabajo de sus sueños, pero es de esperar que incluya la forma en que el trabajo para el que está solicitando le ayudará a conseguir ese trabajo de sus sueños.

9) ¿Cuáles son sus requisitos salariales? Algunos empleadores hacen esta pregunta; otros no. De cualquier manera, usted debe saber definitivamente cuáles son sus expectativas salariales para cualquier trabajo que solicite.

10) ¿Tiene alguna pregunta? Casi todas las entrevistas incluyen esta pregunta al final de la entrevista. Siempre debe tener al menos un par de preguntas que hacer en respuesta a esta pregunta. En lugar de decir que no tiene ninguna pregunta o que la información que el entrevistador ha proporcionado ha respondido a todas sus preguntas, esta pregunta de "si tienes alguna pregunta" le ofrece la oportunidad de demostrar que ha estado involucrado en el proceso de entrevista y de destacarte entre otros candidatos a un puesto de trabajo. Con suerte, usted puede desarrollar preguntas a medida que la entrevista ha progresado. Si no es así, debe elegir entre tres o cinco preguntas y luego seleccionar una o dos de esa lista. Al hacer preguntas, debe saber que muchos entrevistadores disfrutan de esta parte de la entrevista, ya que les da la oportunidad de desviarse de la parte formal de la entrevista y hablar sobre su empresa o sobre ellos mismos. Por lo tanto, cuanto más relevantes sean sus preguntas, más posibilidades tendrá de colocarse por encima de otros solicitantes.

Capítulo 8 - Hágalo realidad

Ya sea que esté cambiando de carrera, negociando un salario o dando seguimiento a su solicitud de empleo, aquí hay algunas cosas en las que debe pensar cuando lo haga.

Lo que necesita saber si está cambiando de carrera.

¿Está usted en ese momento de su carrera cuando está listo para hacer un cambio de carrera? Si es así, definitivamente hay algunas cosas que usted necesita considerar antes de hacer tal movimiento.

Lo más importante, le sugiero que planifique cualquier cambio de carrera. Algunas personas cometen el error de saltar impulsivamente a una nueva carrera, posiblemente porque no les gusta su carrera actual. Ese es un error que puede aumentar la probabilidad de fracaso en su nueva carrera. Usted debe investigar a fondo cualquier nueva carrera o vocación en la que esté a punto de embarcarse. Averigüe qué tipo de educación o formación se requiere o se recomienda para esta vocación. Investigue qué tipo de ingresos puede esperar de una carrera de este tipo. Revise su situación financiera actual para asegurarse de que tiene suficientes recursos para subsidiar una nueva carrera. Investigue la nueva carrera que usted desea usando el Internet y con la esperanza de conectarse con personas que ya están en esa carrera. Las entrevistas informativas (discutidas anteriormente) son un recurso invaluable para aprender sobre cualquier nueva carrera que le interese.

Si usted tiene un cónyuge o pareja, ¿están en la misma página con este posible cambio de carrera? Ciertamente, cualquier cambio de carrera merece múltiples discusiones con aquellas personas que son importantes para usted.

Al embarcarse en una nueva carrera, usted debe saber que puede tener que sufrir un golpe financiero para entrar en una nueva carrera. Si usted se encuentra en un nivel directivo en su carrera actual, es posible que tenga que comenzar en un nivel inicial o en un nivel inferior en una nueva carrera y es probable que esto afecte su nivel de ingresos. ¿Tiene formas de financiar una nueva carrera? Tal vez tenga que recurrir a su plan de pensiones, a su plan de ahorros para la jubilación o a su cuenta de ahorros. Tal vez usted necesitará sacar una segunda hipoteca sobre su casa. O tal vez usted necesitará tomar un trabajo de medio tiempo para subsidiar su nueva carrera, al menos en las etapas iniciales de la nueva carrera. ¿Necesitará hacer algún cambio en su estilo de vida para acomodar una nueva carrera? ¿Más horas de trabajo? ¿Menos tiempo en familia? ¿Más viajes? Si es así, ¿estará dispuesto a hacer estos sacrificios? Usted debe saber que los factores financieros son la razón principal por la que la gente no se embarca en nuevas carreras. La tensión financiera, la falta de planificación financiera y las deudas pueden fácilmente anular cualquier sueño o aspiración profesional que pueda tener.

A pesar de que usted podría estar ansioso por saltar a toda velocidad hacia una nueva carrera, le sugiero que considere si puede entrar en esa carrera por etapas. Por ejemplo, tengo un amigo cercano que fue ejecutivo de marketing corporativo durante años. Había pasado mucho tiempo en una industria altamente volátil donde se le pagaba bien, pero descubrió que era víctima de despidos frecuentes durante estos períodos de comercialización. Siempre fue un empleado bueno y valioso, pero estaba en una carrera en la que hay mucha rotación. Finalmente, decidió que quería una carrera en la que pudiera controlar su propio destino. También quería tener la oportunidad de salir de su escritorio en un trabajo que fuera más tangible. Su sueño era crear una empresa de poda y remoción de árboles. Sí, ese es un cambio importante de ser un ejecutivo de marketing corporativo.

Aunque había ayudado a podar y remover árboles cuando era más joven, realmente no conocía los pormenores de esa industria. Se puso en contacto con varias personas que tenían empresas de poda de árboles, les habló de sus aspiraciones y les explicó cómo podría entrar en la industria. Se sorprendió de lo útil y comunicativo que fueron estos otros dueños de negocios al contarle todo sobre las ventajas y desventajas de la industria. Como no hay muchas clases enseñando a la gente cómo podar y quitar árboles, encontró a un propietario que le permitió trabajar como aprendiz remunerado los fines de semana mientras continuaba con su trabajo de marketing. Lo hizo durante tres meses hasta que tuvo los conocimientos suficientes para crear su propia empresa. Él convenció a su esposa sobre su movimiento de carrera y ella eventualmente se convirtió en su coordinadora de programación y persona de mercadeo. Años después, tiene una carrera muy exitosa, con tres diferentes equipos de empleados que trabajan para él en la poda y remoción de árboles.

Hice lo mismo con una empresa que comencé hace muchos años. En lugar de renunciar a mi trabajo actual inmediatamente, contraté a una amiga que estaba entre trabajos y, según mi dirección, ella encontró una oficina para mí, fijó el precio y compró mis suministros y muebles de oficina, coordinó el desarrollo de mis materiales de publicidad y mercadeo, entrevistó previamente a los candidatos de secretariado, etc.

Al cambiar de carrera, usted también debe tener un sistema de apoyo o un mentor que le pueda ayudar con su mudanza o que pueda estar ahí como una caja de resonancia. Le sugiero encarecidamente que reclute a otras personas para que le ayuden en esta transición de carrera. Puede ser extremadamente difícil embarcarse en una nueva carrera, especialmente si ha estado en otra carrera por un tiempo. Si usted puede hacer que su red o un mentor se involucre en su transición, tendrá una transición mucho más fácil, especialmente emocionalmente.

Además, al cambiar de carrera, prepárese para los contratiempos. Siempre recuerde que las cosas rara vez salen según lo planeado. He creado dos compañías diferentes que han experimentado reveses en dos lados diferentes del espectro. Con una compañía, tenía amigos que me habían indicado que se convertirían en clientes míos cuando inicié mi propia compañía. Pero después de que comencé mi compañía, me di cuenta de que eran muy lentos a la hora de poner en marcha cualquier negocio a mi manera y eso creó una gran tensión financiera hasta el punto de que tuve que alquilar mi casa y mudarme a un apartamento por un breve período de tiempo. Finalmente, la gente que me había prometido negocios llegó y mi negocio floreció. Más tarde me di cuenta de que eran reacios a darme negocios inmediatamente después de que yo comenzara mi compañía, ya que querían esperar y ver si yo iba a seguir en el negocio. En el otro extremo del espectro, comencé otro negocio en el que había pensado que tenía fondos suficientes para financiar a la empresa durante un período de seis meses, hasta que establecí el negocio. Tres semanas después del inicio de mi negocio, recibí un pedido enorme que no había esperado y necesitaba usar todos los fondos que había ahorrado para la empresa para comprar los productos necesarios para completar el pedido. Y necesitaba más fondos de los que tenía. Aunque era un buen problema, era un problema polarizador, ya que no había establecido una línea de crédito con un banco para financiar el pedido. Afortunadamente, pude resolver el problema y conseguí que mi cliente me pagara por adelantado el gran pedido a cambio de un descuento en la mercancía. Cabe señalar que la mayoría de las empresas no habrían pagado por adelantado un pedido antes de que la mercancía fuera entregada, ya que esa no era una práctica común en la industria. En resumen, tuve mucha suerte con este pedido. Por lo tanto, en la planificación de una nueva carrera, debe tener en cuenta tanto los peores como los mejores escenarios.

Y un pensamiento más sobre el cambio de carrera: Si quiere hacer un cambio de carrera, pero no está seguro de qué nueva carrera quiere para usted, debe asegurarse de evaluar las habilidades y las pasiones que ha tenido en su carrera anterior. Echa un vistazo a las cosas que ha hecho bien o que le han gustado en su carrera pasada (también las cosas que no le han gustado) y use esa información para determinar una posible nueva carrera. Idealmente, usted será capaz de invertir algunas de sus habilidades y pasiones en una nueva carrera. Si usted hace un cambio de 180 grados en sus carreras y no es capaz de utilizar parte de su experiencia previa en su nueva carrera, su transición va a ser mucho más difícil.

Siete técnicas de negociación para obtener el salario que desea.

Después de que haya superado con éxito la etapa de la entrevista inicial y su posible empleador esté listo para extender una oferta, es hora de hablar del salario. Aunque algunas personas comparan el proceso de negociación salarial con la experiencia negativa de comprar un automóvil, usted no puede pasar por alto este proceso al finalizar su búsqueda de empleo. Usted querrá asegurarse de que está recibiendo un precio justo por sus servicios, independientemente del trabajo que acepte. Aquí hay algunos consejos y técnicas simples para que usted los use para determinar qué salario merece y luego negociar por ese salario.

1) **¿Cuál es su valor de mercado?** Es importante que investigue lo que se paga a otras personas en su campo, tanto a nivel nacional como local. Puede consultar las guías salariales en Internet. O si usted tiene una relación con un reclutador, podría preguntarle cuáles son los rangos salariales para su campo profesional. Y recuerde siempre que el lugar donde se encuentra probablemente afectará su salario, especialmente en lo que respecta al costo de vida. Un trabajo en San Francisco o en la ciudad de Nueva York

probablemente pagará más que el mismo trabajo en un pueblo pequeño de Iowa, sólo por el costo de vida. Además, conozca cuál es el mercado para su trabajo en particular. Si su posible empleador está teniendo dificultades para contratar para el puesto en el que está interesado, usted tiene mucha más influencia que usted si es fácil para ellos contratar para ese puesto. Usted debe tener esto en cuenta en cualquier negociación salarial.

2) No diga sí o no demasiado pronto o demasiado tarde. Asegúrese de discutir el salario antes de aceptar el trabajo. Si usted toma el trabajo antes de llegar a un acuerdo salarial, ha perdido cualquier ventaja que pudiera tener en ese sentido. Y si se demora en aceptar una oferta, el gerente de contratación puede frustrarse y cambiar de candidato.

3) No todo se trata de usted. Por favor, recuerde que, en lo que respecta a la negociación de su salario, sus necesidades personales van a tener muy poco impacto en el salario que se le ofrece. Un amigo mío que es gerente de contratación recientemente hizo que un posible empleado le dijera que necesitaba un salario específico para poder hacer los pagos de su casa y del automóvil. Eso es un absoluto No. Sus necesidades personales no son de la incumbencia del gerente de contratación.

4) Dar un salario específico. Si un posible empleador le pregunta qué salario espera o requiere en su nuevo trabajo, dele un salario específico o, en el peor de los casos, un rango salarial ajustado. No le digas a nadie que quieres un salario anual de $60,000 a $90,000, ya que es un rango muy amplio. Si usted ofrece un rango, hágalo más ajustado, es decir, de $70,000 a $75,000. Y recuerde que, si usted está dando un rango, es probable que obtenga el salario en el extremo inferior del rango que está solicitando. Y, otra cosa, cuando un empleador le pregunte qué salario espera, actúe con confianza sin ser agresivo. Por ejemplo, puede responder de la siguiente manera: "He investigado lo que ganan otras personas en posiciones similares y, en base a eso, esperaba algo entre 70.000 y 75.000 dólares. ¿Es eso posible?"

5) **No pase por alto los beneficios.** La negociación de un paquete de compensación a menudo implica algo más que un simple salario. Usted debe preocuparse por otros beneficios y beneficios de compensación, que pueden incluir gastos de mudanza, seguro médico, asignación de vacaciones, planes de ahorro para la jubilación, oportunidades de desarrollo profesional y beneficios de educación avanzada. Con algunos de estos beneficios, la compañía con la que está entrevistando tendrá una póliza establecida de la que no estará dispuesto a desviarse. Por ejemplo, una compañía no va a cambiar sus beneficios de seguro de salud porque no le gustan sus beneficios actuales. Pero, sin embargo, es importante que sepa cuáles son esos beneficios del seguro de salud. Por otro lado, algunas compañías tienen flexibilidad con algunos beneficios de compensación, tales como gastos de mudanza, bonos de firma y tiempo de vacaciones. Si un empleador no tiene la flexibilidad para cumplir con sus requisitos salariales, tal vez tenga flexibilidad en estas otras áreas. Si tiene la suerte de tener múltiples ofertas de trabajo, obviamente debería incluir beneficios en su comparación de estas ofertas.

6) **La honestidad es la mejor política.** No infle los salarios de trabajos anteriores. No invente ofertas de trabajo que compitan entre

sí. Si un posible empleador descubre que usted ha sido deshonesto, es probable que se convierta en "historia" con ese empleador.

7) **Obtenga sus ofertas por escrito.** Una vez que usted y su futuro empleador hayan acordado un salario y un paquete de compensación, asegúrese de solicitar un detalle por escrito de esa oferta. Obviamente, ese documento debe estar dirigido a usted y debe estar firmado por su empleador. Desafortunadamente, he escuchado de algunos casos en los que un empleador y un empleado tienen un malentendido con respecto al salario y los beneficios; y luego el empleado a menudo queda en desventaja porque no tiene documentación escrita de lo que se le prometió originalmente.

Cómo dar seguimiento a una solicitud de empleo de la manera correcta.

Si hay un trabajo en el que está en realidad interesado, probablemente va a estar ansioso por saber qué está pasando con la solicitud que envió. Como solicitante de empleo, tendrá que recordar que, a diferencia de la compañía que realiza la contratación, usted no tiene el control del proceso. Esto puede ser frustrante a veces, pero siempre debe recordar que hay algunas maneras correctas de dar seguimiento a sus solicitudes.

La gente a menudo pregunta cuál es el plazo de tiempo apropiado para dar seguimiento después de que usted haya presentado su solicitud. El tiempo normal para el seguimiento es aproximadamente una semana después. Puede hacer un seguimiento de varias maneras, incluyendo teléfono, correos electrónicos o un mensaje de LinkedIn. Si está llamando a la compañía para la que está interesado en trabajar, asegúrese de estar preparado para lo que va a decir, ya sea que hable con el gerente de contratación o que deje un mensaje de voz. Muchas personas practican lo que van a decir o incluso tienen algunas notas escritas a mano cuando hacen la llamada telefónica de seguimiento.

En el seguimiento, sea siempre cortés y profesional. Si usted deja una mala impresión, es probable que esté fuera de la carrera por el trabajo antes de conseguir una entrevista. Siempre haga que sus mensajes sean breves, especialmente con las llamadas telefónicas. Aprecie el hecho de que el tiempo de la gente es valioso y probablemente no les interese una diatriba larga e incoherente. Dicho esto, no hay nada malo en incluir una o dos oraciones que les digan por qué usted es un buen candidato para su oferta de trabajo. Cualquier cosa que pueda colocarlo por encima de otros candidatos puede ayudarlo a obtener una entrevista. Y, por supuesto, con cualquier correspondencia que envíe, ya sea por correo de voz o correo electrónico, asegúrese de dejar su nombre y número de teléfono o dirección de correo electrónico.

Aunque está bien hacer seguimiento varias veces, debe asegurarse de que no se convierta en una molestia. Y si usted ha intentado varias veces obtener una respuesta sin éxito, es posible que finalmente tenga que admitir la idea de que no están interesados en usted.

Conclusión

Si ha leído este libro, ahora tiene las herramientas que necesitará para conseguir el trabajo de su elección. Si usted puede seguir los consejos que se aplican a su búsqueda de empleo, usted tendrá éxito en su búsqueda, si no inmediatamente, entonces eventualmente. Al leer libros de autoayuda como éste, hay dos tipos de personas: aquellos que tomarán la valiosa información ofrecida y la implementarán; aquellos que pondrán esta información en segundo plano, diciendo que la implementarán cuando lleguen a ella pero que nunca llegarán a ella. Le imploro que no sea una de esas personas que nunca llegan a hacerlo.

Ahora sabe lo importante que es "atacar" lo que parece ser la abrumadora tarea de encontrar un trabajo en un conjunto de tareas individuales más pequeñas que harán que el proceso sea menos abrumador. Usted sabe cómo encontrar trabajos que se anuncian en línea y trabajos que no se anuncian. Usted conoce la importancia de crear un currículum vitae excelente, una carta de presentación que pondrá su currículum vitae en la cima de la lista de solicitudes, y la importancia de modificar su currículum vitae para cada trabajo para el que está solicitando. Usted debe entender la importancia de tener una presencia en línea y una marca personal con un portafolio, una página web personal, blogs y un perfil en LinkedIn.

Además, usted debe ser muy consciente de la importancia del trabajo en red y de cómo superar los obstáculos del trabajo en red si se muestra reacio a hacerlo. Y ahora usted sabe la importancia de promocionarse a sí mismo, establecer su propia marca personal y desarrollar una actitud que atraiga el éxito. Si usted es tímido o se sabe que padece de ansiedad social, ahora debe tener algunos consejos al alcance de la mano para minimizar esas aflicciones.

Sabrá cómo no sabotear sus esfuerzos para conseguir un trabajo. También sabrá cómo causar una buena primera impresión en una entrevista, destacándose en un mercado competitivo. Y ahora ya sabe qué preguntas comunes puede esperar durante una entrevista. Si está cambiando de carrera, ahora tiene algunas recomendaciones sobre cómo convertirla en una transición sin problemas. Y tiene consejos sobre cómo negociar el salario que se merece en su nuevo trabajo o en el actual. Y ahora sabe cuándo y cómo hacer un seguimiento de las solicitudes que ha enviado a los posibles empleadores.

Encontrar un buen trabajo es cuestión de actitud y esfuerzo. Si usted puede tener una mentalidad positiva y puede hacer el trabajo requerido para posicionarse por encima de otros candidatos, tendrá una gran oportunidad de tener éxito en su búsqueda de empleo.

Encontrar el trabajo que usted desea a menudo puede ser un proceso largo o continuo y, en última instancia, depende de decisiones que a menudo están fuera de su control. Pero, aunque no pueda controlar si le contratan o no, puede controlar el proceso que le permite tener la mejor oportunidad de conseguir el trabajo que está buscando. Para tener éxito en su búsqueda de empleo, usted necesita desarrollar un plan y luego trabajar en ese plan.

Como he recomendado varias veces en este libro, en la búsqueda de un trabajo siempre debe concentrarse en el proceso, no en el resultado. Puede haber ocasiones en las que no consiga el trabajo que solicitó, pero no deje que eso le desanime. Concéntrese en el proceso que está usando para encontrar el trabajo, no en si obtiene el trabajo o no. Usted puede controlar el proceso de su búsqueda de empleo; no puede controlar el resultado. Si puede hacer esto, tendrá una gran oportunidad de conseguir el trabajo de sus sueños.

¡Feliz cacería de trabajo!

650.14 OLI Spanish
Olivo, Eladio
Busqueda de trabajo y
 preparacion de

02/15/22